おとなの週末

SPECIAL EDITION

最後の築地

はじめに

月刊誌『おとなの週末』では2001年の創刊以来、
編集部員が徹底した覆面調査を重ね、
これならおすすめできると納得できた店だけを掲載しています。
これまでに取材した店は、東京、横浜を中心に3万軒以上あります。
とりわけ築地市場の場内・場外については、創刊号をはじめとして、
毎年欠かさず特集を組んできました。
2015年度中に豊洲へ移転することが決まっている築地市場。
本書は、月刊誌「おとなの週末」による〝築地特集〟の集大成です。
行って後悔しない、満足できる店ばかりを集めています。
築地へお出かけの際は、ぜひ本書をご活用ください。

ご利用にあたり

■本書は『おとなの週末』2006年から2014年にかけてご紹介した店を、ジャンル別に再構成しました。
編集作業において、再取材のうえ、極力最新のデータを反映しております。データは、2014年5月現在のものです（112～133ページ「2013年 築内完全ランキング」のデータは、2013年11月のものです）。
■記載されている価格は、税込表記となっております（注釈のある店舗を除く）。
■料理の食材、盛り付け、ボリュームなど、写真は各店が提供しているメニュー例を示しており、取材時のものです。料理の内容、値段、そのほかのメニューなどは、食材の入荷状況や仕入れおよび時季に応じて、店により変更される場合がありますのでご注意ください。
■巻末にエリア別の索引を付けています。食べ歩きのときにお役立てください。

店舗情報の見方

■ジャンルは下記の12分野から色分けして表示しています。

●和食　●寿司　●イタリアン　●麺　●食堂　●海鮮　●鳥料理
●喫茶　●居酒屋　●小売り　●フレンチ　●うなぎ

営は開店からラストオーダー（L.O.）、または閉店時間を示しています。休は原則として定休日です。夏季休業および年末年始などは各店にお問い合わせください。席は店の収容人数を知るひとつの目安として、交は店からの申告データですので、ひとつの手段としてご活用ください。また、その他のメニューや飲み物は、代表的なものを示しています。

ランチメニュー　ディナーメニュー　昼夜共通メニュー
アルコールメニュー

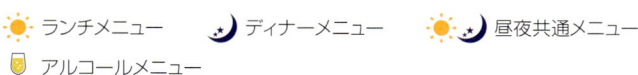

まぐろ 斎藤

CONTENTS

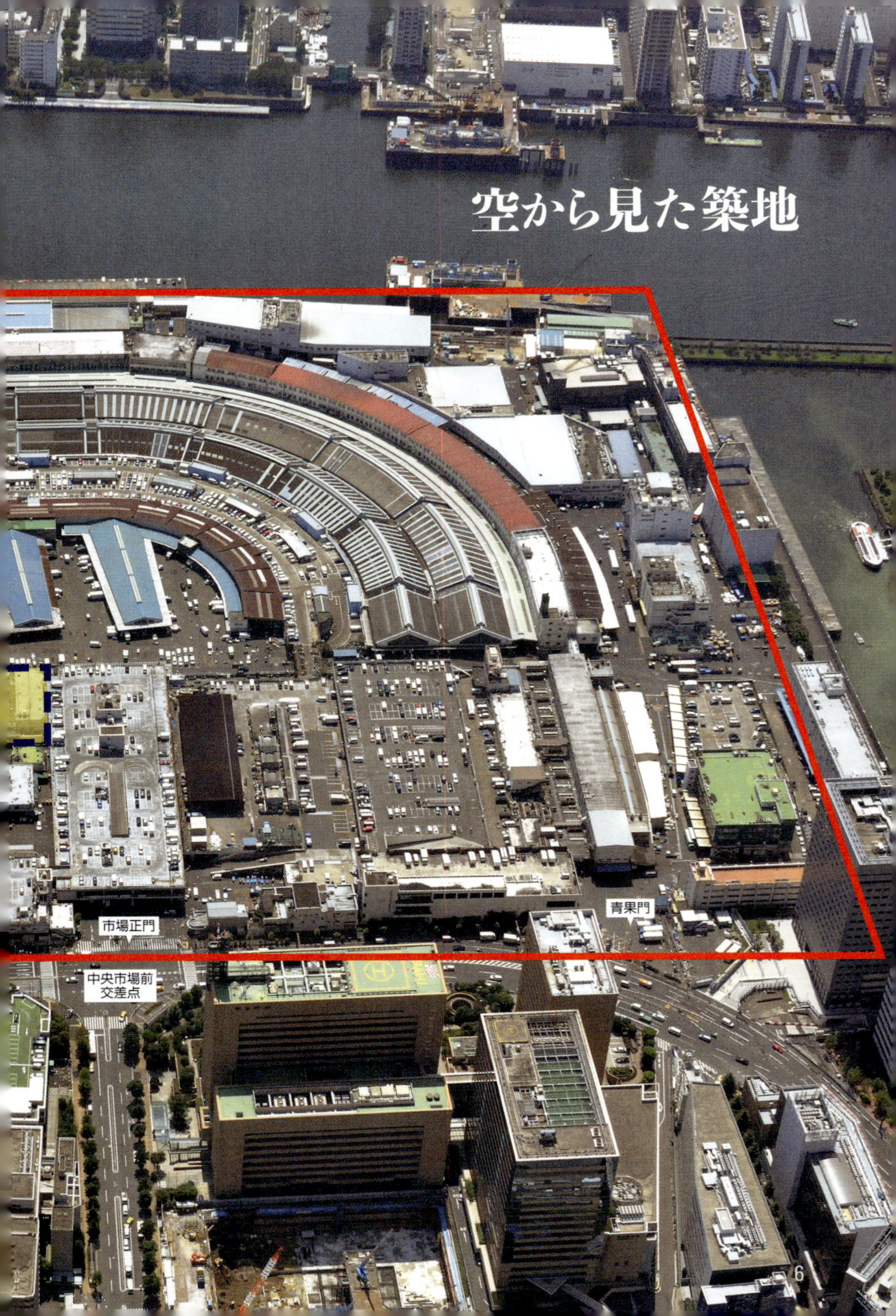

空から見た築地
市場正門
青果門
中央市場前
交差点

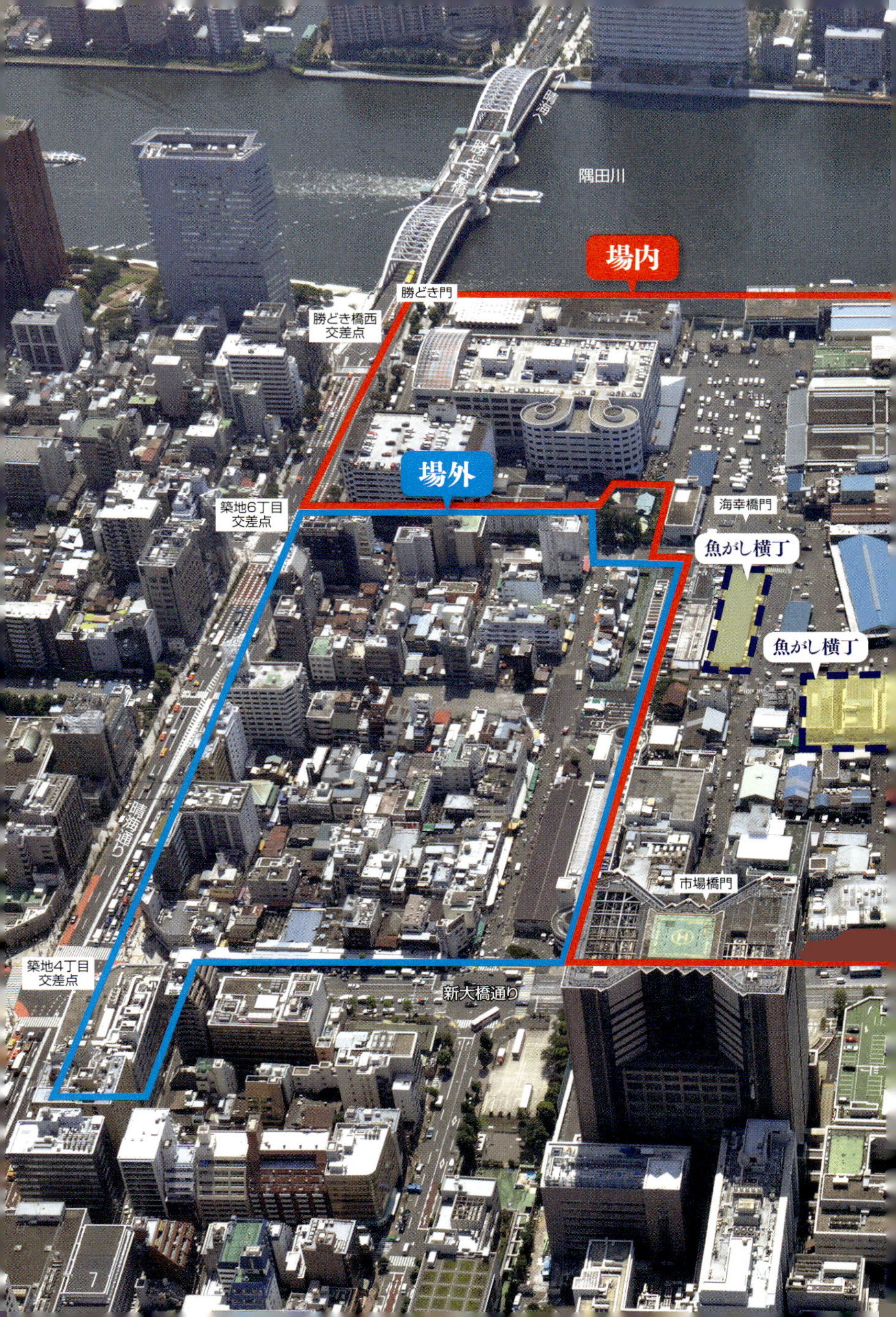
晴海へ
勝どき橋
隅田川
場内
勝どき門
勝どき橋西
交差点
場外
築地6丁目
交差点
海幸橋門
魚がし横丁
魚がし横丁
晴海通り
市場橋門
築地4丁目
交差点
新大橋通り

築地市場概要

正式に「築地市場」と呼ばれる場合は、いわゆる「場内市場」のことで、
下図の左下に緑色で示した「場外市場」を除く部分を指す。
本来、この場内市場は、生鮮食料品をプロ向けに供給する基地として
東京都が開設しているもので、「魚がし横丁」と呼ばれる関連棟以外への
一般人の立ち入りは原則禁止されている。
水産仲卸業者売場への〝見学〟は、午前9時以降なら可能。
他にも場内市場への立ち入りに際しては、ベビーカーや
5人以上の団体での入場など、さまざまな禁止事項がある。
場内市場(魚がし横丁)へは、正門からの入場が一般的。
それでも専用車両などの通行が頻繁なので、
くれぐれも周囲に気をつけて通行したい。

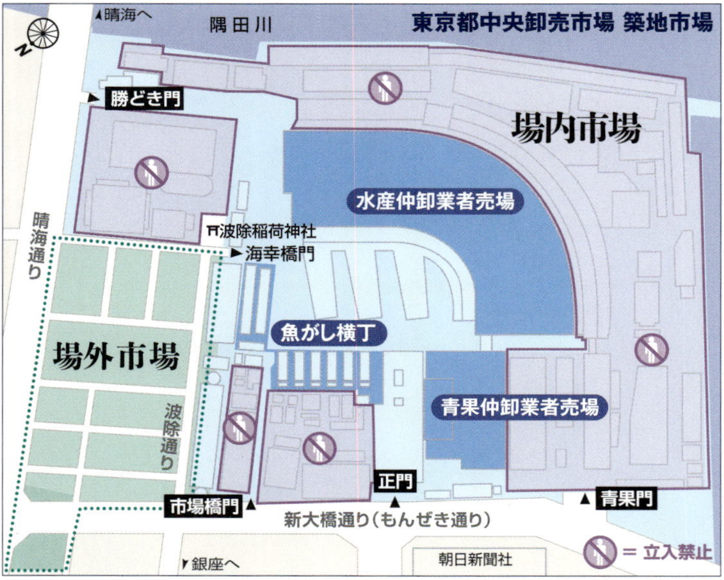

飲食・買い物の名店がひしめきあう

場外で行くべき店

連日、海外も含め多数の観光客が訪れる築地市場。
その市場に隣接した商店街である〝場外市場〟も、例外ではありません。
激しい競争のなか生き残ってきた老舗や気鋭の新店がしのぎを削る築地場外。
あなたはどの店へ行きますか?　選りすぐりの店をご紹介しましょう。

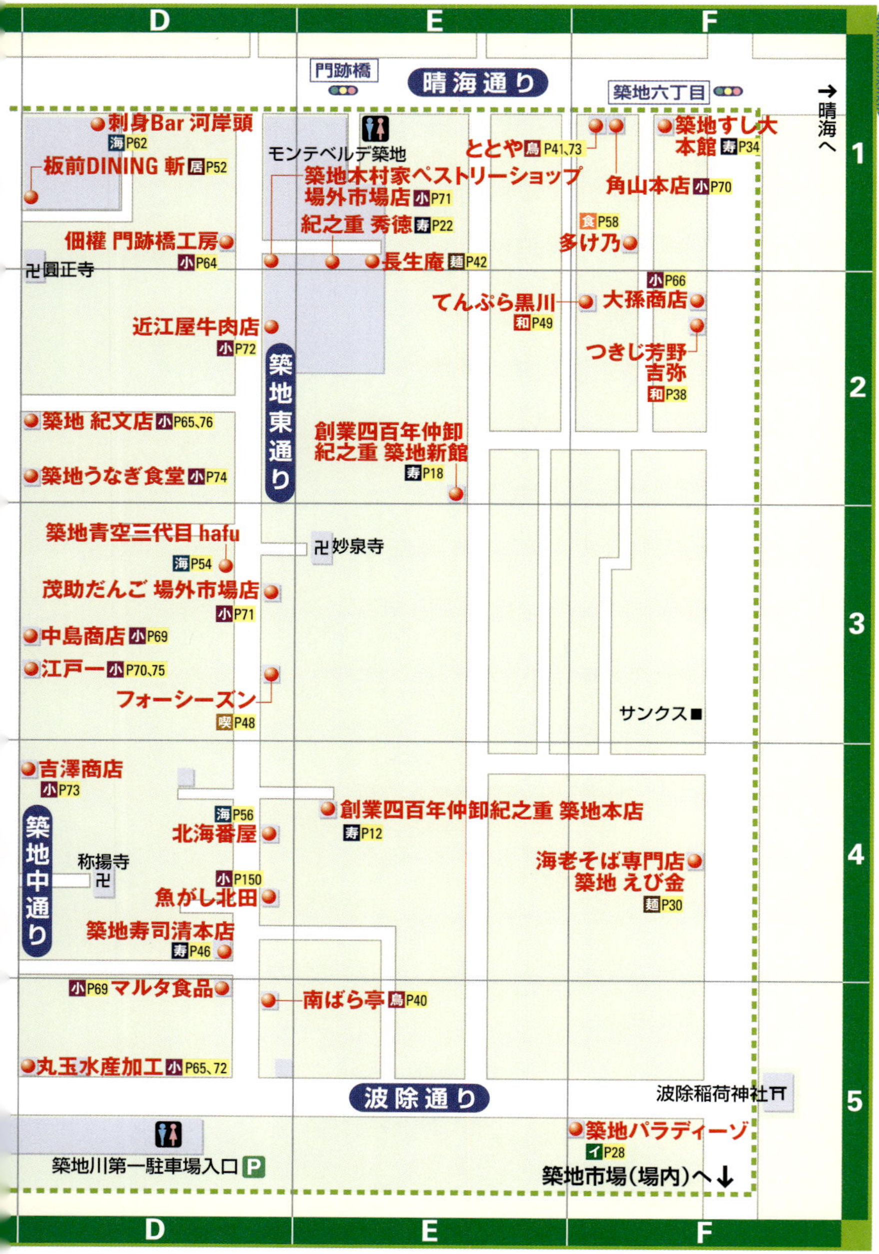
D
E
F
門跡橋
晴海通り
築地六丁目
→晴海へ
1
2
3
4
5
刺身Bar 河岸頭
海P62
板前DINING 斬
居P52
モンテベルデ築地
築地木村家ペストリーショップ
場外市場店
小P71
紀之重 秀徳
寿P22
長生庵
麺P42
ととや
鳥P41、73
角山本店
小P70
築地すし大
本館
寿P34
食P58
多け乃
佃權 門跡橋工房
小P64
卍圓正寺
小P66
てんぷら黒川
和P49
大孫商店
つきじ芳野
吉弥
和P38
近江屋牛肉店
小P72
築地東通り
築地 紀文店
小P65、76
創業四百年仲卸
紀之重 築地新館
寿P18
築地うなぎ食堂
小P74
築地青空三代目 hafu
海P54
卍妙泉寺
茂助だんご 場外市場店
小P71
中島商店
小P69
江戸一
小P70、75
フォーシーズン
喫P48
サンクス■
吉澤商店
小P73
海P56
北海番屋
創業四百年仲卸紀之重 築地本店
寿P12
築地中通り
称揚寺
卍
小P150
魚がし北田
海老そば専門店
築地 えび金
麺P30
築地寿司清本店
寿P46
小P69
マルタ食品
南ばら亭
鳥P40
丸玉水産加工
小P65、72
波除通り
波除稲荷神社
築地パラディーゾ
イP28
築地川第一駐車場入口
築地市場（場内）へ↓
D
E
F

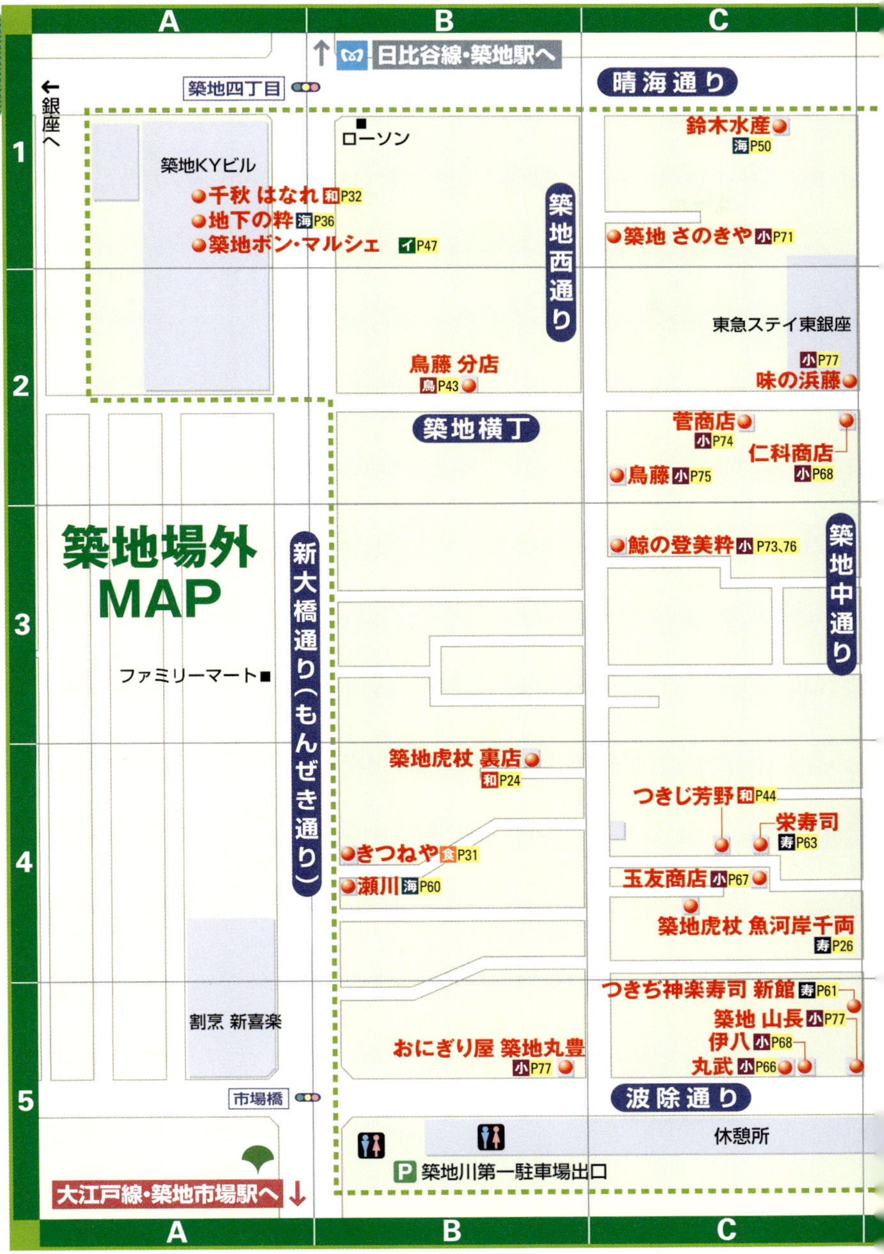

築地場外MAP
A
B
C
1
2
3
4
5
日比谷線・築地駅へ
晴海通り
築地四丁目
←銀座へ
築地KYビル
ローソン
千秋 はなれ 和 P32
地下の粋 海 P36
築地ボン・マルシェ イ P47
鈴木水産 海 P50
築地 さのきや 小 P71
築地西通り
東急ステイ東銀座
小 P77
味の浜藤
鳥藤 分店 鳥 P43
築地横丁
菅商店 小 P74
仁科商店 小 P68
鳥藤 小 P75
鯨の登美粋 小 P73、76
築地中通り
新大橋通り（もんぜき通り）
ファミリーマート
築地虎杖 裏店 和 P24
つきじ芳野 和 P44
栄寿司 寿 P63
きつねや 食 P31
瀬川 海 P60
玉友商店 小 P67
築地虎杖 魚河岸千両 寿 P26
つきぢ神楽寿司 新館 寿 P61
築地 山長 小 P77
伊八 小 P68
丸武 小 P66
割烹 新喜楽
おにぎり屋 築地丸豊 小 P77
市場橋
波除通り
休憩所
築地川第一駐車場出口
大江戸線・築地市場駅へ

築地場外の名店

あまたの飲食店がひしめきあう築地場外。そんな中から、「おとなの週末」が自信をもっておすすめできる店だけをご案内します。最初にご紹介するのは本誌〝殿堂入り〟の名店「紀之重」です。

創業四百年仲卸 紀《き》之《の》重《しげ》 築地本店

毛ガニ 1カン600円〜

むき身をたっぷりと使った1カン。上にあしらわれているのは蟹味噌で、風味豊かなコクが身の甘みを際立たせている

皮はぎ 1カン600円〜

まったりとした味わいの肝と、旨みの詰まった皮周辺の身を湯引きしてのせ、淡白な味わいの中にも、食感と彩りを与えている

クエ 1カン550円〜

このネタを味わえる店は築地でも数少ない。弾力ある身を噛み締めれば、繊細な旨みが押し寄せる。南高梅を使った自家製梅ソースでいただこう

白子 1カン480円〜

新鮮なタラの白子を軽く炙ることで、香ばしさもプラス。頬張ればトロリとしたクリーミーな美味しさを堪能できる

サザエ 1カン500円〜

ウズラの黄身を加えてとろみとコクを増した肝ソースのほろ苦さがたまらない。コリッとした食感とともに、磯の香りが口に広がる

きのしげ つきじほんてん
MAP E-4

創業四百年仲卸 紀之重 築地本店

03-3541-4015

赤酢のシャリが引き立てる極上ネタの数々を堪能

江戸期の創業から約400年を誇る老舗仲卸が直営する寿司店。毎朝市場でセリ落とす上質なネタを、手頃な価格で味わえるのが魅力だ。門外不出の配合を施した赤酢のシャリで握れば、まろやかな酸味と風味が、それぞれのネタの持ち味を、あますところなく引き出してくれる。感動さえ覚える、極上の江戸前寿司を堪能したい。

すっぽん茶碗蒸し 1200円～

1

ふぐ 550円～

2

3

1.すっぽんでとった極上のダシスープで作る茶碗蒸し。具にはすっぽんの身と鹿児島の漁師と独占契約する、稀少な「ナミクダヒゲエビ」も入っており、まさに贅を尽くした一品　2.シコシコとした歯ごたえが最高。紅葉おろし、ネギ、ポン酢でいただく　3.昼でも一カンずつ握りたてを提供

東京都中央区築地4-14-16／営11時～15時（14時半L.O.）、17時～23時（22時半L.O.）／休無休／席カウンター9席　計9席／全席禁煙／夜のみカード利用できる／予夜のみ予約できる／サなし／交地下鉄日比谷線築地駅1番出口から徒歩4分

その他のメニュー

前菜と旬のつまみがつくコースは6500円

生ビール：650円　焼酎：グラス750円　ワイン：グラス650円、ボトル3500円～　日本酒：1合900円～

紀之重握りセット（10カン）2700円

にぎり10カンに手巻き、玉子焼き、あら汁付き。ネタは仕入れによって変わり、この日は脂ののった北海道産の大黒サンマや生のイクラ、本マグロのトロと赤身など、大満足のネタが勢揃い

ふぐの唐揚げ 1500円～

寒い時期には、フグを使った一品料理も品書きに並ぶ。肉厚の身は揚げることにより、ふっくらとした口当たりに。衣の香ばしさもたまらない

江戸時代に創業した仲卸の直営店

カウンター9席のみのこぢんまりとした店ながら、連日、行列の絶えない店がある。それが「創業四百年仲卸 紀之重《きのしげ》 築地本店」だ。

江戸時代に創業した老舗仲卸会社直営の寿司店で、その強みを存分にいかし、セリ落としたばかりの新鮮で上質なネタをリーズナブルに提供している。仕入れを一手に引き受けるのは、代表取締役・武内正恵さん。毎日早朝3時から、その日市場に入荷した魚介を自らの目で確認し、納得したものだけを買い付けている。

そうして店へと運び込まれてきたとびきりのネタを使い、寿司を握るのは、この道30年以上の経験を持つ親方・岡田俊明さん。その技に魅せられた武内さんが、8年がかりで口説き落としたという腕利きの職人だ。しなやかな手さばきから生み出される、小ぶりで上品な寿司を頬張れば、ネタとシャリとがほどけ合いながら渾然一体となり、喉を通っていく。シャリに空気を含ませながら握る、熟練の技だからこその口当たりを、じっくりと味わいたい。

シャリにも徹底したこだわりを持つ。この店のシャリは、かなり色合いが濃い。江戸前ならではの赤酢を、ふんだんに使用するためだが、その配合は門外不出で、店内でも限られた職人にしか知らされていない。角のないまろやかな酸味と、素朴で力強い風味が特徴だ。ネタが持つ脂のコクや旨み、そして繊細な甘みを、あますところなく引き出していく。

供する直前には、それぞれのネタに合わせ、煮切り醤油をはじめ、南高梅や肝などから作る自家製のタレを、絶妙の塩梅《あんばい》でひと塗り。さらに薬味や湯引きした皮をあしらうことで、香りや食感を一層ふくらませている。ネタの質の高さはもちろんのこと、職人の技や創意工夫が集約された珠玉の寿司を味わえる1軒だ。

板場に立つ親方・岡田俊明さん。この道30年以上の熟練の技で、訪れる客をもてなしてくれる

創業四百年仲卸 紀之重 築地本店

紀之重握りセット（15カン）4050円

※夜は前菜付きで5000円

大トロ、中トロ、赤身の天然マグロ3種をはじめ、奥深い甘みのウニや、歯ごたえの良い赤貝など、その日築地に入荷した魚介の中から、極め付きのネタばかりを集めている。※内容は仕入れや季節によって替わる

きのしげ つきじしんかん
MAP **E-2**

創業四百年仲卸 紀之重 築地新館

03-5565-3511

ネタ、シャリ、技が一体になった美味

行列のできる店として有名な「創業四百年仲卸 紀之重 築地本店」の２号店。日本中から築地市場に集まる新鮮で上質なネタを用い、江戸前ならではの赤酢をふんだんに使ったシャリで握る。それをさらに引き立てるのは、職人の繊細な技だ。それぞれのネタに合わせた薬味やタレが、寿司により一層の彩りを与えてくれる。夜には九州の漁師から直送される朝どれの魚介も品書きに並ぶ。

小肌 500円　2

穴子 500円　1

3

1.基本的に江戸前のものを使用。ふっくらと炊き上げ、表面を炙って香ばしく仕上げている。最後に山椒をふりかけ香り高く　2.ネタとシャリの間に、カボスの皮、大葉、ガリを仕込むことで、食感と香りのアクセントに。絶妙なシメ加減も秀逸　3.カウンターに立つ親方・柳博史さん。魚の知識豊富な会話も楽しみのひとつ

東京都中央区築地6-26-6／営11時～15時（14時半L.O.）、17時～23時（22時半L.O.）／休無休／席カウンター14席、テーブル2席×1卓、4席×4卓、8名用個室1室　計40席／全席禁煙／夜のみカード利用できる／予できる／サなし／交地下鉄日比谷線築地駅1番出口から徒歩4分

その他のメニュー

紀之重握りセット（10カン）2700円

前菜と旬のつまみがつくコースは6500円

生ビール：650円　焼酎：グラス750円　ワイン：グラス650円　日本酒：1合900円～

マグロの大トロ、中トロ、赤身の他にも、低温でレアに火を通した煮蛤、柚子大根でいただくサヨリ、皮目を炙った鯛など、個々のネタの魅力を最大限に引き出す技をも感じさせてくれる

紀之重握りセット
（15カン）4050円
※夜は前菜付きで5000円

SPECIAL INTERVIEW

創業四百年仲卸 **紀之重 築地新館**
親方 **柳博史**さんに訊く

「築地の寿司」

ほんのひと口で消えてしまう
にぎり1カンに込める情熱。
和食で長年腕を磨いた経験が
あるからこそ生み出された
新たな寿司の味わい方とは？

↑親方・柳博史さん。和食の経験をいかして、寿司の新たな魅力を伝えている

1カン、1カンを〝料理〟と捉えて握る

今や、築地場外でも格別の人気を誇る「紀之重」。この店の味の礎《いしずえ》を築いたのが親方・柳博史さん(52歳)。

柳さんは、和食の経験も豊富で、20代の頃から京都の懐石などで腕を磨き、自身で割烹を営んでいたこともある。

柳「和食から料理の世界に入ったからでしょうか。私には、寿司に対する既成概念というものが、それほどないんです。そのため、ネタやシャリに自由な発想を加えることができるのかもしれません」

例えば、その店の個性を特に表すシャリ。こちらは赤酢を一般的な店よりもかなり多く使用するため、褐色に近い色合いをしている。

柳「熟成された赤酢には、バルサミコ酢のような複雑味がある。それがネタと一体になった時、魚の旨みや甘みが際立つんです」

　さらに、ネタにあわせて柑橘果汁と合わせた大根おろしをのせたり、大葉やガリをネタの下に仕込んだりと、煮切り醤油の一辺倒ではなく、それぞれの魚に最適な彩りを施すのもこの店ならでは。

柳「和食の観点に立って、1カン、1カンを〝料理〟と捉えているので、ネタの質はもちろんですが、それに合う食感や香りを加えることも重要。寿司は一瞬で口の中に消えてしまうからこそ、ひと口ごとに、お客さんの記憶に残る寿司を握るのが私の勧めです」

　それを証明するかのように、カウンターの奥の壁には「一握入魂」と

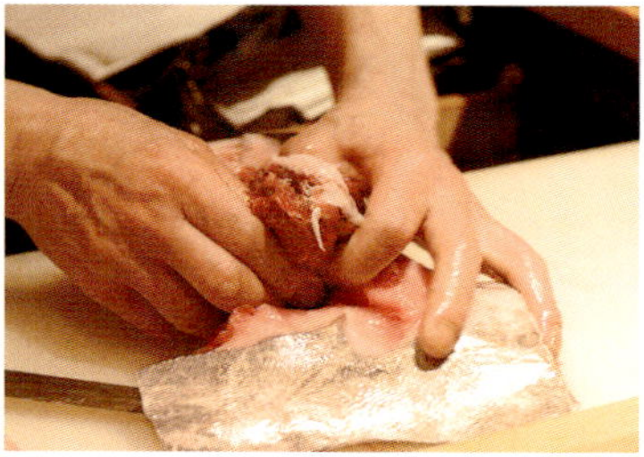

↑〝カマキン〟とはカマの骨に沿うようにある筋肉で、寿司ネタとしては非常に珍しい。マグロの中でも特に風味と旨みが強く絶品だ

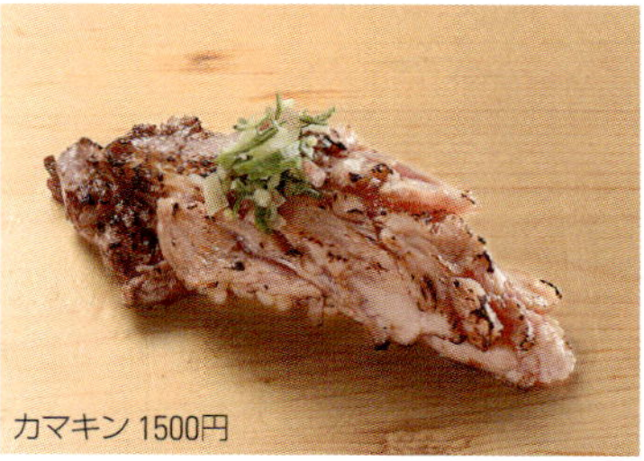

カマキン 1500円

↑マグロ１匹から10人前ほどしかとれない。醤油をひと塗りし、表面を炙ることでトロリとした舌触りと香ばしさを引き出す

綴られた書が掲げられていた。

柳「魚を刺身ではなく、ウチでは寿司で味わって欲しいんです。そのため、特に夜はお酒にも合うように握っているんですよ」

　一般的な寿司のシャリが20g前後なのに対し、こちらは昼10g、夜6gとかなり小さい。それも、口に含んだ時に、ネタの存在感をより大きく感じさせる工夫のひとつなのだ。ネタにシャリのまろやかな酸味が絶妙のバランスで合わさった時、刺身では味わえない新たな味覚が口中で生まれる。

　また柳さんは、〝寿司文化〟を伝えるため、海外からの観光客には英語で接客している。

柳「カウンターではお客さんとの会話も大事。リラックスして楽しんで欲しいですからね」

きのしげ しゅうとく
MAP **E-1**

紀之重 秀徳

03-3542-1112

全国の伝統野菜と寿司の融合

「紀之重」ならではの上質な寿司はもちろんのこと、毎日市場に入荷する、加賀や京都をはじめとした各地の伝統野菜を使った一品料理も味わえるのが、この店の特徴のひとつ。築地で長年営む専門の仲卸から仕入れる野菜は新鮮そのもの。どれも個性や滋味にあふれる味わいだ。また、店内は落ち着いた雰囲気で、カウンター席だけでなく座敷の個室も。家族や友人とゆったりと食事を楽しみたい。

カツオと
新タマネギのサラダ
1500円～

1.風味豊かな初鰹と、甘みたっぷりの新タマネギが抜群の相性。二杯酢のジュレが双方の魅力を引き立てる　2.カウンター席も広々としたスペースを設けているので、隣に気兼ねなく食事ができる　3.純和風な雰囲気の個室。宴会や会合にもうってつけ

東京都中央区築地4-14-1／営11時～15時（14時半L.O.）、17時～23時（22時半L.O.）／休無休／席カウンター9席、4名用個室2室　計17席／全席禁煙／カード利用できる／予できる／サなし／交地下鉄日比谷線築地駅1番出口から徒歩3分

その他のメニュー

紀之重握りセット（10カン）2700円

おまかせ江戸前握り5000円、おまかせコース9000円

生ビール：750円　焼酎：グラス800円～　ワイン：グラス650円～　日本酒：900円～

旬の肴とおまかせ握り 6500円

「野菜の盛り合せ」は沖縄産の金美人参、熊本赤なすなど。塩でいただけば、それぞれの甘みや香りをダイレクトに感じられる。磯つぶ貝煮、真鯛の昆布締め、サメ軟骨の梅肉和えの「小鉢3種」。「お造り」は脂ののったマグロの大トロ、金目鯛、赤貝の3種類。ウニを卵にとかし、濃厚な味わいに仕立てた「茶碗蒸し」。寿司は、車海老、シマアジ、金目鯛、マグロの大トロと赤身など。最後にイクラの手巻き寿司もつく

小えび天ぷらカレーうどん
1200円
1

とろとろ湯葉の
うに乗せ 928円
2

3

1.讃岐風のコシの強い麺が、カツオと昆布をベースにした京風ダシ＆カレールウのスープにイン。最後に生クリームを掛け回し、まろやかな味わいに。プリプリの小エビの天ぷらが4つ入る　2.とろりとした湯葉と濃厚なウニが口の中でまったりと溶け合う　3.築地を中心に、全国15店舗の系列店を持つ。築地場外では貴重な、メニューも豊富で落ち着いて飲める和食店だ

つきじ いたどり うらみせ
MAP **B-4**

築地虎杖 裏店

築地場外では貴重な落ち着ける和食店

築地に９店の系列店を持つ和食店。昼はうどんと海鮮丼をメインに、夜は居酒屋として営業している。魚介類はもちろん、肉や野菜も旬にこだわり、和食のジャンルにとらわれない創作的手法で提供。「元祖 海鮮ひつまぶし」(2467円)のほか、「小えび天ぷらカレーうどん」(1200円) をはじめ種類豊富なカレーうどんも人気が高い。

☎ 03-5565-4001

東京都中央区築地4-9-6ダイヤモンドレジデンス1階／営 11時半～14時半、17時半～24時(23時半L.O.)、日・祝10時～22時(21時半L.O.)／休 無休／席 カウンター10席、テーブル4席×2卓、2席×2卓、離れ：テーブル2席×8卓　計38席／ランチのみ全席禁煙／カード可(夜のみ)／予 できる(夜のみ)／サ なし、夜のみチャージ307円／交 都営大江戸線築地市場駅A1出口から徒歩5分

その他のメニュー

元祖海鮮ひつまぶし2467円、本まぐろの炙り焼き1026円

ビール:グラス669円
焼酎:561円～　ワイン:グラス561円～
日本酒:1合561円～

濃厚うに丼 2570円

まるでフレンチのような出で立ち。ウニはムラサキウニ、バフンウニなど、季節により異なる。ライスの周辺を覆うソースは卵黄と生クリームをベースに、ワサビと根昆布のエキスを入れたもの。コッテリした味わいがヤミツキになる

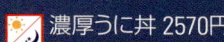

1.場外屈指の人気丼　2.別皿で出る甘く煮たかんぴょう、シイタケ、レンコンを加え、ウニを潰しながらまぶす。ご飯がウニで黄金色に色づくと、旨みと香りが一段と増す　3.塩、昆布、花鰹でとった熱々のだしをかけて、さらさらとお茶漬けのようにいただく。あっさりとしてまた違った味わいだ

つきじいたどり うおがしせんりょう
MAP **C-4**

築地虎杖 魚河岸千両

豪快なネタと繊細な仕事を堪能

鮮度のいいネタが手頃な価格で食べられ、昼もお好みでにぎりが1カンから注文可能。看板は、マグロや真鯛、数の子にホタテなど12種類の魚介類が入った「元祖 海鮮ひつまぶし」(2467円)。ダシをかけてお茶漬けのように味わうメニューだ。旬のネタ11カンに玉子焼きが付いたにぎりセット「河岸の千両箱」(2160円) や、厚切りの本鮪がたっぷり入った「贅沢マグロ丼」(2980円) もおすすめ。

03-5565-5739

東京都中央区築地4-10-14樋泉ビル1階／営7時～23時(22時半L.O.)、日祝は7時～21時(20時半L.O.)／休無休／席カウンター10席、テーブル2席×6卓　計22席／全席禁煙／夜のみカード可／夜のみテーブルチャージ307円別／予夜のみできる／交都営大江戸線築地市場駅A1番出口から徒歩4分

その他のメニュー

すし 旬の楽しみ3240円、極鮪握鮨3391円

ビール：669円　焼酎：グラス615円～　ワイン：グラス669円～　日本酒：グラス669円～

贅沢まぐろ丼
2980円

本鮪の大トロと中トロ、赤身が贅沢にのる。ぶ厚くカットしてあり、脂のりも最高だ。大トロは口の中でさらりと溶け、上品な脂の旨みが楽しめる

パラディーゾ風
本日の前菜盛り合わせ
2000円

1

3

2

牛フィレの生ハムと
モッツァレラチーズ包み 2400円

1.イワシやサーモンのマリネ、生海苔としらすを入れた揚げパン、ナポリ風オムレツなど約8種類　2.塊肉からチーズがとろ～り。ミニトマトのみで作ったソースが合う　3.陽気なトラットリア。奥には落ち着いたテーブル席がある

つきじ ぱらでぃーぞ
MAP **F-5**

築地パラディーゾ

市場に新風を呼んだ元気なイタリアン

魚河岸にあるイタリアンだけに、魚貝をふんだんに使った料理はお手のもの。ベースは、ナポリやアマルフィなど南伊の味。素材の美味しさをダイレクトに伝える力強い味と豪快な盛りが魅力的。この店を知るなら、まずは「パラディーゾ風 本日の前菜盛り合わせ」(2000円)を。手打ちパスタもぜひ味わいたい。ナポリ風のコシのある麺に貝類をダイナミックに絡めた一品など、どれも秀逸。

☎ 03-3545-5550

東京都中央区築地6-27-3／営11時～14時、18時～22時／休無休／席カウンター5席、テーブル4席×5卓、2席×3卓、テラス2席×1卓　計33席／全席禁煙／カード可／予できる／サなし、夜のみ席料400円別／交地下鉄大江戸線築地市場駅A1出口から徒歩5分

その他のメニュー

- パスタランチ980円～
- 季節のイカを丸ごと炭火焼きで1500円、自家製ソーセージ1500円
- ビール：生500円　ワイン：グラス500円～

本日の貝類とチェリートマトソースのリングイネ 夜2000円、昼1280円

ランチは貝の量が少し減り、パンとサラダが付く

チャーシュー海老そば 880円

1

3

2

海老そば 780円

1.食感の異なるスライスとブロックのチャーシューがのる　2.日々研究・進化を続ける海老そばは、「やめられない・とまらない」、かつ飽きない味だ　3.店内へ入ると、海老の甘い香りに包まれる。店の2階は製麺所になっており、時期は未定だが麺の販売も予定

えびそばせんもんてん つきじ えびきん

MAP **F-4**

海老そば専門店 築地 えび金

芳醇な海老スープ、噛むほどに甘い麺

「仲買人やプロの料理人が集まるこの地だからこそ、あえて海老そばで挑戦したいと思いました」と語るのは店長の雨宮俊夫さん。スープには1杯につき甘エビ50尾分ものエキスが溶け出し、海老粉を練り込んで作られた風味豊かな麺と見事なハーモニーを奏でる。食感と彩りを豊かにする桜海老やジューシーな信玄どりの鶏チャーシューなど、各具材にも緻密な計算が施されている。

03-5565-8553

東京都中央区築地6-23-5／営10時～14時、17時～22時、土5時～14時※スープがなくなり次第閉店／休日、祝／席カウンター13席のみ　計13席／予不可／全席禁煙／カード不可／交地下鉄日比谷線築地駅1番出口、都営大江戸線築地市場駅A1出口からともに徒歩5分

その他のメニュー

焼餃子400円、たまごかけご飯200円、味玉・のり・桜海老・ライス 各120円、生たまご80円、おつまみチャーシュー300円、おにぎり各種200円

ビール：中瓶580円

ホルモン丼 800円+半熟玉子 50円
1

肉どうふ 600円
2

3

1.濃厚だが臭みは一切なく、とろけるほど柔らかい。半熟玉子を追加すれば、よりスタミナ満点の一杯に　2.こちらも人気。和牛、玉ねぎ、豆腐を甘辛の醤油ダレで煮込んである　3.カウンターが満席のときは立ち食いで

| きつねや
| MAP **B-4**

きつねや

誰もがやみつき必至の濃厚ホルモン丼

グツグツと煮えたぎる寸胴の中身は、八丁味噌をベースにした特製ダレで煮込む国産牛のコプチャン(小腸)、フワ(肺)、コンニャクなど。この煮込みをご飯にかけて食べる「ホルモン丼」(800円)目当てに、毎日多くの客が列をつくる。タレは昭和22年の創業以来継ぎ足されてきた秘伝のもの。こってり濃厚なホルモン煮とタレの染みたご飯をかきこめば、明日への活力がみなぎってくる。

03-3545-3902

東京都中央区築地4-9-12／営7時〜13時半／休日・祝・休市日／席カウンター5席、スタンド約20席　計約25席／全席禁煙／カード不可／予不可／サなし／交地下鉄日比谷線築地駅1番出口または都営大江戸線築地市場駅A1出口から徒歩3分

その他のメニュー

牛丼630円、ホルモン煮600円、焼どうふ250円、生玉子50円、おしんこ120円、ごはん並220円

ビール：中瓶580円　日本酒：1合370円

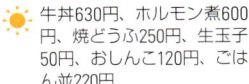

鯖味噌煮 900円
（昼はご飯、味噌汁、自家製珍味、香物付きで850円）
1

目鯛塩焼き 1000円
2

3

1.味付けには京の赤味噌と田舎味噌を使用。べっこう色の見た目に反して、驚くほど上品なコクと旨みが口の中にふんわりと広がる　2.目鯛のハラミを塩焼きで。身のふっくら感と適度な脂を残した焼き加減が絶妙　3.落ち着ける空間。ビルの地下にある穴場だ

ちあき はなれ
MAP **A-1**

千秋はなれ

絶品の鯖味噌煮がここにあり

03-3543-8700

お品書きに並ぶのは、その時期に一番美味しい魚料理の数々だ。ここは、元築地仲卸の店主が営む和食店。みずから朝の市場で目利きして仕入れる魚は鮮度も質の良さも抜群。それらを丁寧に調理し、素材の味や香りを最大限に引き出している。継ぎ足し続けた煮汁で７時間以上煮込み、中骨までほろりと柔らかい「鯖味噌煮」（900円）が名物。冬は、７種類の魚介類が入った「特選築地海鮮鍋」（3500円）もまた旨い。

東京都中央区築地4-7-5築地KYビル地下1階／営11時半～14時（13時45分L.O.）、17時～22時45分（22時L.O.）／休日、祝／席カウンター8席、テーブル4席×2卓、座敷4席×3卓ほか計48席／禁煙席あり／夜のみカード可／予できる／サなし、夜のみ先付け代600円別／交地下鉄日比谷線築地駅2番出口から徒歩2分

その他のメニュー

銀だら煮つけ定食1000円

本日の焼き魚800～1200円、メサバ炙り800円

ビール:生（中）600円　焼酎:グラス730円～　ワイン：グラス700円　日本酒：1合680円～

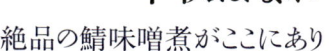

特選築地海鮮鍋 1人前
3500円（要予約）
※写真は2人前

トラフグ、ブリ、マダラ、クロメバル、イトヨリ、アイナメ、車海老、ホタテなど具沢山。まず真鯛の頭のみが入った状態で鍋が登場。それを先に食べている間に、ほかの具材を煮る。平らげた後の〆の讃岐うどんも魅力だ

1.富山湾で水揚げされた白エビを殻ごと香ばしく揚げ、塩で食す　2.酒盗で下味をつけ、半干しにしてから焼く。芳醇な香りと凝縮された旨みが秀逸で、酒肴にぴったりだ。日によりメニューにない場合もある　3.1階と地下1階はカウンター席のみで、各11席。写真は地下1階。2階にはテーブル席（4席×2卓、6席×2卓）もある

つきじすしだい ほんかん

MAP **F-1**

築地すし大 本館

江戸前握りと酒肴を深夜まで味わえる

天然ものにこだわったネタの質の高さは築地の寿司店ならでは。そこに丁寧な仕事を加えた江戸前寿司を出す。例えば、昆布に包んでひと晩寝かせた金目鯛の締め物、出汁をふくませた煮ハマグリなど。どの握りも酢飯とネタとの一体感が絶妙。握りセットは1620円〜。おすすめは、厳選ネタが味わえる「店長おまかせ握り」(3780円)。もちろん、1貫ずつ旬の握りを楽しむのもいい。季節の一品料理も豊富だ。

03-3541-3738

東京都中央区築地6-21-2／営10時半〜翌4時（翌3時半L.O.）、日・祝11時〜22時（21時45L.O.）／休無休／席計42席／全席禁煙／カード可／予できる（カウンター席の予約は平日16時〜18時半に限る）／サなし、お通し代300円別／交地下鉄日比谷線築地駅1番出口から徒歩5分

その他のメニュー

築地（握り7貫、巻物1本）1620円、あやめ（握り8貫、巻物1本）2160円

ビール：生中648円　焼酎：グラス540円〜　日本酒：1合540円

店長おまかせ握り
3780円

握り10貫と巻物1本、さらに好きな握り1貫が追加できる。内容は仕入れにより変わるが、金目鯛昆布〆、本マグロ大トロの炙り、ツメをあしらった穴子などは、定番で盛り込まれる。白身魚や貝類は、その日のおすすめが主で、写真は岩塩とスダチを効かせた平目と、煮切りを塗った赤貝

本日のおすすめ食べ比べセット
1200円～

1

本ズワイ蟹、塩いくら、
利尻昆布のぽん酢あえ 680円

2

1.内容や値段は、季節やその日の仕入れで異なる。夏は岩牡蠣、冬は真牡蠣が中心。写真は、旨み濃厚な新湊産、磯の風味が強い輪島産、ミルキーな狐崎《こざき》産　2.切り昆布とカニの食感、イクラのコクが好相性　3.地下の通路にせりだしたラフな造りだが、品質と鮮度のよさは折り紙つき

ちかのいき
MAP **A-1**

地下の粋

ビルの地下で牡蠣三昧!

老舗仲卸の直営店。地下の目立たない立地だが、プロが選び抜いた全国各地の牡蠣をリーズナブルに楽しめるとあって連日盛況だ。その日のおすすめ生牡蠣（1個320円～）は6種類前後。味わいは産地や季節により異なるが、ぷりっとした食感やふくよかな香りに鮮度のよさを実感できる。生牡蠣の価格にプラス50～100円すれば、焼き牡蠣や西京味噌バター焼きなども楽しめる。

03-6228-4442

3

東京都中央区築地4-7-5築地KYビル地下1階／営17時～22時（21時半L.O.）、土17時～21時（20時半L.O.）／休日、祝／席テーブル4席×2卓、6席×1卓　計14席（ほかにスタンディング席あり）／禁煙席あり／カード不可／予できない／サなし／交地下鉄日比谷線築地駅2番出口から徒歩3分

その他のメニュー

天然魚介出汁のスープカレー880円

ビール：生450円　ワイン：グラス580円　日本酒：グラス450円

ズワイガニの
ガーリックオイル煮
1380円

カニの身にガーリックが効いた一品。余ったオイルはバゲットに浸して味わいたい

1 穴子のフライ 2500円

2 穴子と茄子の鳴門焼き（1本）600円

3

1.割きたての穴子を、身のふっくら感はそのままにサクッと揚げている。ソースには穴子の骨でとった出汁が隠し味に　2.茄子に穴子を巻きつけ、甘口のタレで焼いた串。でんでん太鼓をイメージしている　3.1階はカウンター、2階はテーブル席

つきじよしの きちや
MAP **F-2**

つきじ芳野 吉弥

その道のプロが生む、穴子の多彩な姿

店主の高橋康友さんは、穴子の仲卸歴25年。2013年５月に、穴子専門店『つきじ芳野』の２号店として、より一品料理を充実させて開店したのがこちら。対馬から宮城男鹿《おが》まで、季節に応じて最も適した産地から仕入れる活き穴子を、お重や串焼き、フライなどで供する。ふっくらとした身は鮮度のよい証だ。煮穴子のタレひとつをとっても、穴子の焼き骨を約８時間かけて煮詰めるなど、とことんこだわっている。

03-6278-7079

東京都中央区築地6-21-5／営10時半～15時、17時～20時半（20時L.O.）、水・日10時～15時半（15時L.O.）／休不定休／席カウンター8席、テーブル2席×2卓、4席×2卓 計20席／全席禁煙／3万円以上のお会計に限りカード可／予できる／サなし／交地下鉄日比谷線築地駅1番出口から徒歩7分

その他のメニュー

ばか天（1本揚げの穴子と野菜の天重）980円

吉弥会席5800円

ビール：生650円、瓶600円　焼酎：グラス500円
日本酒：1合650円～

山海
1500円

炙った煮穴子と醤油の風味が効いたタレに、とろろがふんわり絡む丼

阿波尾鶏親子丼 1500円

砂糖とみりんを一切使わず、素材の持つ自然な甘さで仕上げている。おすましと新香、山椒付き。持ち帰りもOK

なんばらてい
MAP **D-5**

南ばら亭

行列＆立ち喰いでも味わいたい1杯

屋台風の店だが、その味は侮れない。「阿波尾鶏《あわおどり》親子丼」（1500円）と「阿波尾鶏炙り親子丼」（1600円）には、その名のとおり徳島県産阿波尾鶏を使用。頬張ると、柔らかな鶏肉ととろりとした紅孔雀《べにくじゃく》の卵、上品な出汁が渾然一体となって極上の旨さだ。京都より取り寄せた山椒をかけると2倍楽しめる。平日限定で、よりリーズナブルな「親子丼」（900円）、「炙り親子丼」（1000円）もある。

03-3248-8085

東京都中央区築地4-14-14／営10時～14時半／休水／席テーブル2席×1卓、スタンディング2卓　計8席／全席禁煙／カード不可／予できない／交大江戸線築地市場駅A1出口から徒歩5分

その他のメニュー

阿波尾鶏炙り親子丼1600円、親子丼900円、炙り親子丼1000円

ビール：中瓶500円

焼鳥丼 1150円

秘伝のタレで焼いた、ジューシーで豊潤な旨みのモモ肉と脂の上品なボンジリ。どちらも大ぶりで食べごたえ抜群だ

ととや
MAP F-1

ととや

市場で働く人も愛する秘伝ダレの焼鳥丼

昭和27年創業の老舗の鶏料理店で、看板メニューは「焼鳥丼」(1150円)。大きな鶏モモ肉５枚と稀少なボンジリ１枚が、豪快に盛られて迫力満点。創業より50年以上使い続けているというタレは、鶏の旨みが濃厚で、ほんのり甘い。ジューシーな肉汁に炭の香ばしさも寄り添い、一気にかき込んでしまう旨さだ。

03-3541-8294

東京都中央区築地6-21-1／営9時～14時／休日、祝／席計44席／全席禁煙／カード不可／予できない／サなし／交地下鉄日比谷線築地駅1番出口から徒歩5分

その他のメニュー

つくね焼鳥丼1150円、そぼろ焼鳥丼（スープ付き）950円、サービス丼1050円（スープ付き）、平焼1450円、鶏スープ150円、大根おろし100円

ビール：大瓶700円

付けカレー蕎麦 1050円 1

冷やし鴨南蛮蕎麦 1350円 2

1.常連客のリクエストで生まれたメニュー。280gのそばを使い、ボリューム満点だ。とろりと濃厚なカレーのつゆには、ネギの天ぷらと豚バラ肉がたっぷり入っている
2.冷たいそばの上に、鴨の脂で炒めた熱々の鴨肉とネギ、茄子がのる。さっぱりした麺と鴨の旨みのバランスが絶妙

ちょうせいあん
MAP E-1

長生庵

天ぷらもそばもボリューム満点

昭和46年創業。春は野菜、秋はきのこ、冬は牡蛎など、旬素材の天ぷらや一品料理が楽しめる。天ぷらの定番・海老やキス、穴子も丼からはみ出るほど大きく、そばの盛りも気前がいい。常連のリクエストで生まれた「付けカレー蕎麦」（1050円）も驚くほどの食べ応えで、これを目当てに訪れる客も多い。そばは長野・戸隠産。細めでしなやかな麺は軽快な喉越しだ。

03-3541-8308

東京都中央区築地4-14-1モンテベルデ築地101号／営7時～15時、17時～21時、土7時～14時、休市日11時～15時、17時～21時／休日、祝（コースのみ予約受付可能）／禁煙席なし／カード不可／予できる／サなし／交地下鉄日比谷線築地駅1番出口から徒歩4分

その他のメニュー

- 鮪赤身漬け丼1050円など
- かけそば600円、もりそば600円、ざるそば750円、鴨せいろ1200円
- ビール:生550円　地酒:（獺祭·1合）650円 ※その他銘酒あり

場外

☀ しゃも親子丼 1200円

☀ 親子丼しお 800円

2

3

ぼんじり 温玉のせ 800円

1

1.しっかりした歯応えは、しゃもならではのもの。卵はしゃも肉と相性のいい「奥久慈地鶏」の卵を使用。鶏スープ付き　2.割り下に鶏白湯スープを使うため、上品な味わい。2日かけてダシをとる濃厚な鶏スープが付く　3.甘辛いタレが絡んだぼんじり（鶏のお尻の肉）に温泉卵がまろやかさを添え、絶妙なバランス

鳥料理

とりとう ぶんてん
MAP **B-2**

鳥藤 分店

親子丼から水炊きまで鶏の旨さを味わい尽くす

場外の老舗鶏肉店『鳥藤』が手がける店。大山地鶏を使い、その柔らかな肉質とコクをトロトロの半熟卵が抱き込んだ「親子丼」（900円）が絶品だ。ほかに、「水炊き」（900円）、めずらしい「ぼんじり 温玉のせ」（800円）という、専門店ならではの鶏を使った豊富なメニューに目移りする。それぞれの丼は、持ち帰りも可能だ。

03-3543-6525

東京都中央区築地4-8-6／⌚7時半〜14時／休日・祝・休市日／席計16席／全席禁煙／カード不可／🚭できない／🈶なし／🚇都営大江戸線築地市場駅A1出口から徒歩3分

その他のメニュー
☀ 焼鳥丼900円、親子カレー900円、チキンカツカレー950円、鳥重900円

あなごのばかし
1600円

穴子の骨を大量に使用し、8時間煮込んだタレにはコラーゲンがたっぷり。穴子の下に入っている有馬山椒と大葉がいいアクセントに

つきじよしの
MAP **C-4**

つきじ芳野

築地で四代目の仲卸が開店した穴子専門店

ほぼ穴子専門の仲卸となって25年というオーナーが、「穴子の魅力やおいしさについて広く発信したい」という思いで、2012年6月に開店。男鹿や対馬など、季節によって異なる産地から入荷した質の良い穴子を、朝イチで活け絞めして調理・提供している。その穴子の質のよさは、この店を目当てに新幹線で訪れる客もいるほど。

☎ 03-3547-6075

東京都中央区築地4-10-8諏訪市場内／営10時～14時（売切れ次第終了）／休築地市場に準じる／席カウンター6席／全席禁煙／カード不可／予不可／サなし／交都営大江戸線築地市場駅A1出口から徒歩5分

その他のメニュー

あなご飯880円、ばかし1600円、ばかしあい2100円、ぐるぐる550円

ビール：小瓶450円　日本酒：1合750円

あなご飯 煮のせ 1100円
ふっくらとして骨も柔らかな煮穴子と、歯ごたえがあり、脂の旨みが凝縮したヒレの串焼きが豪快にのる

1

赤貝の握り 432円　2

3

1.寿司職人もうならせる新鮮なネタが並ぶ。お好みで食べても、手頃な値段で楽しめる　2.小気味よい食感で上品な甘み　3.カウンターに座り、板前と話しながら旬のネタを楽しむ客が多い

つきじすしせいほんてん
MAP **D-4**

築地寿司清本店

握りも客あしらいも粋な江戸前寿司店

明治22年創業。築地で最も古い歴史をもつ「寿司清」グループの総本山がここ。老舗だが堅苦しさはなく、接客も気持ちいい。ネタには煮切り醤油や塩があしらわれるなど仕事も丁寧で、安定した質の握りが楽しめる。板前の腕が問われる光り物や煮物に定評があり、特に甘辛く煮付けた穴子は絶品。お好みは１貫162円～。1542円のお得なランチセットもあり。

03-3541-7720

東京都中央区築地4-13-9／営8時半～14時、17時～20時、土8時半～20時、日・祝9時半～20時／休水／席1階カウンター18席、2階カウンター11席、テーブル2席×4卓　計37席／全席禁煙／カード可／予2階のみ可（ただし土・日・祝を除く）／サなし／交都営大江戸線築地市場駅A1出口から徒歩5分

その他のメニュー

なごみ1542円

お好み1貫162円～

ビール：中瓶670円　焼酎：グラス604円～　日本酒：1合540円

築地ボン・マルシェ特製手打ちパスタランチ 1580円
（写真はメインの「マグロのミートソース パッパルデッレ」）

1

2

築地ボン・マルシェランチ 1580円
（写真はメインの「三陸カキと大葉のリングイネ」）

3

1.マグロとトマトソースが好相性。　2.メインは乾麺のほか、ラザニアやリゾットになることも　3.①②ともに、前菜盛り合わせ、自家製フォカッチャ、デザート、小菓子、コーヒーまたは日本茶が付く

つきじ ぼん・まるしぇ
MAP **A-1**

築地 ボン・マルシェ

新鮮魚介を使ったイタリアン

築地で仕入れた魚介と有機・無農薬野菜をメインに扱うイタリアンレストラン。ランチタイムのおすすめは「築地ボン・マルシェ特製手打ちパスタランチ」(1580円)で、本場イタリアでの修業経験も持つシェフが日替わりで内容を決める。この日のメインは「マグロのミートソース パッパルデッレ」で、軽やかなソースが手打ちパスタの香りと食感を引き立てる。前菜やデザートも充実しており、大満足の内容だ。

03-3541-9341

東京都中央区築地4-7-5築地KYビル2階／営11時半～23時（21時半L.O.）／休日、祝／席カウンター6席、テーブル4席×7卓、長テーブル20席、個室1室（10名まで）　計64席／全席禁煙／カード可／予できる／サなし、夜のみコペルト代500円／交地下鉄日比谷線築地駅2番出口から徒歩2分

その他のメニュー

鮪ステーキランチ2480円
築地魚介の盛合せ1800円
ビール：グラス850円
ワイン：グラス900円～
日本酒：グラス900円～

ハーフ&ハーフ 890円
1

レモンスカッシュ 500円
2

1.ナポリタンとミートソースの2種類が楽しめる。千切りキャベツはナポリタンに絡めて食べても旨い。サラダ付き　2.昭和の歌謡曲が流れる店内によく似合う1杯。ウエハースが添えられるのも昔なつかしい感じ

ふぉーしーずん
MAP **D-3**

フォーシーズン

喫茶店ナポリタンの最高峰

夫婦で切り盛りする喫茶店。スパゲッティーやピラフなど洋食メニューを揃え、とくに種類豊富なスパゲッティーが評判。なかでも秀逸なのは「ナポリタン」(780円)。麺は細めだがもっちりとしていて、そこにケチャップのフルーティな甘みと酸味が絶妙に絡み、なんともハマる美味しさ！　魚介を使った築地らしいスープスパゲッティー各種(850円～）もおすすめ。

☎ 03-3545-9494

東京都中央区築地4-14-18 2階／営7時半～17時／休日、祝／席計23席／禁煙席なし／カード不可／予できる／交地下鉄日比谷線築地駅1番出口から徒歩7分

その他のメニュー

いか・たらこスパゲッティー950円、スープスパゲッティー850円～

ビール：中瓶670円

野菜天丼 1500円

1

上天丼 1500円

2

3

1.千葉県鴨川の契約農家から仕入れるという無農薬･有機栽培の野菜は、みずみずしくて味が濃く、食感もしっかりしているのが特徴。旬の野菜を使っているため、内容は日ごとに微妙に変わる　2.内容は日により変わる。この日は牡蠣2つ、海老2本、キス2本、インゲン1本がのっていた。昼の各種丼には味噌汁も付く　3.ランチタイムは店内がいっぱいになる

てんぷらくろかわ

MAP F-2

てんぷら黒川

素材の味が際立つ軽やかな天丼

路地裏に佇むてんぷらの店。夜はコースのみだが、昼は気軽に旨い天丼が味わえる。無農薬・有機栽培の野菜をふんだんに使った「野菜天丼」（1500円）は、楽しい食感。写真の「上天丼」（1500円）には、牡蠣や海老、キス、インゲンがのり、衣はさっくり軽く、タレは上品。いずれも内容は日替わりで、揚げることで素材の旨さが冴えることを実感できる１杯だ。

03-3544-1988

東京都中央区築地6-21-8／営9時～14時、17時～21時（20時L.O.）※夜は要予約／休日、祝／席計13席／全席禁煙／カード不可／予夜のみ要予約／交地下鉄日比谷線築地駅1番出口から徒歩5分

その他のメニュー

かき揚げ天丼1500円、特製天丼2000円、定食2000円～

コース4000円～

ビール：中瓶700円

カレイ煮定食 800円

大ぶりのカレイは食べ応え満点。ふっくら柔らかく煮付けられ、上品な味わいだ。ご飯、味噌汁、お新香がセットになる（価格は仕入れによって800円～1000円と変動する）

すずきすいさん
MAP **C-1**

鈴木水産

箱盛りのウニを独り占めできる

数多く揃う定食メニューを目当てに行列ができる人気店。店先のグリルで香ばしく焼いた「縞ほっけ焼定食」(800円)や、大きめの切り身を煮付けた「カレイ煮定食」(800円)が好評。看板メニューは、箱盛りの上等なウニを独り占めにできる「生うに定食」(1000円)と「特生うに定食」(2000円)。ウニは固定の産地にこだわらず、その時季に一番味が良くなるものを厳選。売り切れ必至なので、早めの時間に味わいたい。

☎ 03-3541-7860

東京都中央区築地4-11-2／営9時～15時（木金のみ、17時～21時も営業）／休日、祝日の月／席カウンター10席、テーブル6席×2卓　計22席／カウンター席のみ禁煙／カード不可／予できない／サなし／交地下鉄日比谷線築地駅1番出口から徒歩2分

その他のメニュー

縞ほっけ焼定食800円、銀むつかま煮定食1000円、中おち丼800円、特選海鮮丼1000円、身あら煮単品300円

ビール：中瓶500円　日本酒：1合500円

特生うに定食
2000円

大粒ウニがたっぷり100ｇ。濃厚な甘みがクセになる旨さ。ご飯は酢飯で、味噌汁は貝のダシがきいている。おまけでマグロの中落ちを付けてくれるのも嬉しい（価格は仕入れによって2000円～2500円と変動する）

渡りカニのトマトクリームパスタ 1400円

1

煮穴子とアボガドのつまみ 1200円

2

1.身の詰まった渡りガニは、パスタのスープに負けないほど味も濃く甘みもある。細めの麺もしっかりしたコシがあって、やみつきになりそう。酒の締めにもピッタリ　2.ふんわりした穴子と、まったりとしたアボガドの食感が絶妙。とろけるように口に広がる人気メニュー

いたまえだいにんぐ ざん

MAP **D-1**

板前DINING 斬

刺身や寿司のほかに創作料理も揃う

若い板前が作る斬新なメニューがウリのダイニング。新鮮な魚介を生かした料理は、刺身や寿司にとどまらず、パスタ、ピザ、カレーうどんなどレパートリーが広く、さまざまな年代が楽しめる品揃えだ。コース料理も６品2980円からあり、100分1500円の飲み放題も用意。ランチも充実していて、「ちらし」や「漬け鮪丼いくら添え」などが、それぞれ980円。茶碗蒸し、ミニサラダ、味噌汁が付く。

03-6228-4424

東京都中央区築地4-12-2ライオンズマンション東銀座地下1階／営11時〜14時L.O.、17時半〜22時半L.O.、土は7時〜14時半、18時〜21時半L.O.、日祝は11時〜14時半L.O.／休月（祝の場合は翌休）／席計30席／昼のみ禁煙／カード可／予できる／サなし／交地下鉄日比谷線築地駅1番出口から徒歩4分

その他のメニュー

ちらし980円、熟成カレーうどん800円

金目あご焼き680円、生たこの唐揚げ750円

ビール：中生650円　ワイン：グラス800円

鱈の白子とあん肝ポン酢 850円
※冬期限定

北海道産のタラの白子はクリーミーな味わい。ボリュームのあるアン肝も濃厚だ

中央に鎮座するボタンエビ、大トロ、ウニ、イクラなど高級素材がふんだんに盛り込まれる

つきじあおぞらさんだいめ はふー

MAP **D-3**

築地青空三代目hafu

極上ネタを使った炙り丼が名物

約100年も続く築地の魚卸問屋が手がける店。毎朝、築地で仕入れる活きのいい魚が旨いのは当たり前。それに手を加え、奥深い味わいをプラスした海鮮料理がウリだ。大トロの炙りと金目鯛炙りを、醤油漬けにした温泉卵とともに味わう「築地最強丼」(2000円) など、常時20種類の海鮮丼は魅力的なラインナップ。夜は酒肴も充実している。

03-3541-3804

東京都中央区築地4-13-5／営 9時〜14時半L.O.、17時〜21時半L.O.、土日祝9時〜21時半L.O.／休 無休／席 テーブル4席×10卓ほか　計66席／昼は禁煙席あり／夜のみカード可／予 できる／サ なし、アルコール注文の場合のみお通し代500円／交 地下鉄日比谷線築地駅1番出口から徒歩5分

その他のメニュー

- 活け締め穴子丼1500円、にぎり10貫2500円
- おまかせ寿司3500円、コース5500円〜
- ビール：生550円　焼酎：グラス650円〜　ワイン：グラス550円　日本酒：グラス800円〜

築地最強丼 2000円

煮切り醤油に漬けた本鮪の大トロと昆布ダシで一夜漬けにした金目鯛を、炭火で炙った丼。醤油漬けにした温泉卵の黄身がよく合う。昼は味噌汁付き

1.10種類以上のネタから好きな5種類を選べる　2.ご飯の上にはカニのほぐし身が敷き詰められ、北極育ちのオーロラサーモンが重なるように盛られている。さらにイクラをのせ、見た目も味わいも華やかな丼

ほっかいばんや
MAP **D-4**

北海番屋

好きな魚を選んで自分で焼いて楽しむ

築地にある大正13年創業の老舗仲卸の直営店。店頭には、新鮮なホタテやキンキ、本ししゃもにエビなど、約20種類の魚介が並び、それを選んで自分で網焼きしていただくシステム。価格はひと舟350円～。ほかに、好みのネタで海鮮丼が作れる「勝手丼」（1800円）や「お刺身盛合わせ３種」（2500円）が人気だ。店にはテラス席もあり、晴れた日にはバーベキュー感覚で楽しむ観光客も多い。

03-5148-0788

東京都中央区築地4-14-16／営11時～15時、17時～21時L.O.、土日祝は10時～15時／休無休／席2席×1卓、4席×5卓、5席×3卓、テラス：4席×5卓 計57席／禁煙席なし／カード可／予できる／サなし／交地下鉄日比谷線築地駅1番出口から徒歩5分

その他のメニュー

うに丼2900円、うに・いくら丼2400円、三味丼（うに、いくら、マグロ）2600円

ビール：中生650円　ワイン：グラス450円

網の上は、ⓐジューシーなマグロの尾肉、ⓑ新鮮な活サザエ、ⓒホッキ貝、ⓓ赤エビ、ⓔ本ししゃも。他にも、活ホタテ、野菜盛り、キンキなどがある。価格は仕入れによって変わり、ひと舟350円～1000円前後が目安

1.小粒のカキを3～4個合体させて揚げる、名物のジャンボカキフライ。香ばしい衣の中に、濃厚な旨みが凝縮されている　2.新潟産の稀少な岩牡蠣。生臭さが一切ないのは天然モノならでは　3.卓上のメモ用紙にメニュー名を書いて注文するシステム

たけの

MAP **F-1**

多け乃

選りすぐりの魚介を一番美味しい時期に

壁を埋め尽くす100種類以上の短冊には、岩牡蠣、のどぐろなど河岸にあがった旬の魚介が勢揃い。そのほとんどが時価と聞くと敷居が高そうだが、「カワハギ刺身」が1000円、「カキフライ定食」が1080円など、尋ねれば気さくに答えてくれる。ご主人が「銀座なら倍の値段はするはず」と胸を張る「きんき煮付け」(3500円～)は熱狂的ファンもいる逸品。ひと口頬張れば、値段以上の感動を呼ぶ。

03-3541-8698

東京都中央区築地6-21-2／営11時～21時、土～20時／休日・祝／席カウンター6席、テーブル2席×2卓、4席×3卓、6席×3卓　計40席／禁煙席なし／カード不可／予できる(17時～18時半までに全員揃う場合)／サなし／交都営大江戸線築地市場駅A1出口から徒歩5分

その他のメニュー

おひとり用刺盛定食1250円、ミックス天ぷら定食1080円、チャーハン580円

ビール：キリン大瓶650円　焼酎：ボトル3000円　日本酒：2合700円

きんき煮付け
3500円〜 ※時価

昭和15年の創業以来、継ぎ足しで使うタレは、見た目より濃くなくあっさり。繊細な甘みに舌がとろける

まぐろどんぶり 900円

本マグロの赤身ならではの旨みを存分に味わえる丼だ

せがわ
MAP **B-4**

瀬川

本マグロの赤身だけを使う

元はすし職人だったという女将が取り仕切る、マグロどんぶりの専門店。基本的にメニューは、「まぐろどんぶり」(900円) ひとつ。きめ細かな舌触りで旨みの深い本マグロの赤身のみを使用しており、注文が入ってから特製のタレにさっとくぐらせてヅケにし、酢飯の上にのせて提供する。良質の本マグロの中トロが入ったときのみ、中トロのヅケをのせた「限定今だけどんぶり」(1600円) も登場。

☎ 03-3542-8878

東京都中央区築地4-9-12／営8時～12時半(※売り切れ次第終了)／休日・祝・水／席カウンター6席　計6席／全席禁煙／カード不可／予不可／サなし／交都営大江戸線築地市場駅A1出口から徒歩3分

その他のメニュー

限定今だけどんぶり1600円

1.先付け、お造り3点盛り、焼物、煮物、揚物、茶碗蒸し、旬の握りにお椀、デザートまで付く。内容は仕入れにより異なる　2.人気は、マグロ220円、車海老540円、うに650円、のどぐろの炙り760円　3.木を基調とした清潔感のある店内

つきぢかぐらずし しんかん

MAP C-5

つきぢ 神楽寿司 新館

炙りネタと赤酢のシャリの妙

江戸前寿司の伝統を大切に、酒粕を熟成させた赤酢を使用する希少な店。米酢と比べ、うまみと香りがあり、赤みを帯びたまろやかなシャリとなる。この店のもうひとつの個性が炙りネタだ。新鮮な魚を炙ることで、身と皮の間にある脂身が融け出し旨みが増す。爽やかな柑橘ダレを塗って仕上げる。炙りと生のネタの握り、魚料理を味わい尽くすなら、「神楽会席」(6480円)がおすすめ。

03-6226-6788

東京都中央区築地4-10-9／営10時～23時／休無休／席計57席／昼は全席禁煙、17時以降は1階と3階が禁煙／カード可／予できる／サなし／交地下鉄日比谷線築地駅1番出口から徒歩5分

その他のメニュー

- ランチにぎり1500円、鉄火丼1500円
- 寿司堪能コース5400円
- ビール：中瓶540円　焼酎：グラス540円～　ワイン：ボトル2500円～　日本酒：地酒1合860円～

1.コースの一例。大間の生本マグロの中トロと赤身、関イサキ、関アジ、プリプリの水ダコや新潟産の白イカなどと、かなりの豪華さ(仕入れによって内容が変わる)。バチマグロのアゴ焼き、北海道羅臼産の生白子、子持ちヤリイカの煮付けなど8種類の小鉢に、風味のいい鯛めしまで、テーブルからあふれんばかりの品数だ　2.ウニ、イクラ、中トロなど豪華なネタがてんこ盛り

さしみばー かしがしら
MAP **D-1**

刺身Bar 河岸頭

量も質も大満足のコース

全国から集まる魚介を、市場のセリ場で見極める「小揚げ」という専門職だった店主がオープンした。仕入れの際には、産地から個体の良し悪しまで、徹底的にこだわり抜いている。夜は4104円のコースのみ。刺身だけでも十数種類が出て、さらに煮魚、焼魚、締めの鯛めしまで、1人前のボリュームに圧倒される。ランチタイムにも、丼などが揃っていて、市場で働くプロも足しげく通う。

03-6383-4597

中央区築地4-12-2ライオンズマンション東銀座地下1階／営11時〜14時、18時〜23時／休日／席カウンター12席、テーブル4席×3卓、6席×1卓　計30席／禁煙席なし／カード不可／予できる(夜のみ)／サなし、お通し200円別／交地下鉄日比谷線築地駅1番出口から徒歩4分

その他のメニュー

漬けマグロ丼1000円、サーモン丼1000円、ネギトロ丼1000円

ビール：中生648円　ワイン：グラス756円〜

にぎり盛り合わせ 3300円の一部

1

鮪·ウニ·イクラ丼 2700円

2

1.ふっくらとした握り。煮切り醤油や塩など、いずれもひと手間かけられ、素材の旨みを際立たせている。中トロ、赤貝、イカ、生しらす、ウニ、アワビなどのネタに加え、最後に別皿で穴子が出て計10貫　2.鮪は日本の漁港に水揚げされた天然のマグロのみ。ウニもイクラも、店主みずから朝5時に市場に立ち、目利きして仕入れた一級品だ

さかえずし

MAP C–4

栄寿司

天然マグロの旨さと練達の技を実感

簡素な造りながら、ハイレベルな海鮮丼と寿司を出す穴場の名店。亀戸で寿司店を経営していた〝この道30年〟の職人である山本重幸さんがつけ台にひとりで立ち、丁寧に仕事をこなしていく。特筆すべきは、国内で水揚げされた天然ものにこだわるマグロ。しっとりなめらかな舌触りに驚かされる。握りメニューは１種のみ。中トロや赤貝、アワビなど計10貫が出て、主人の腕の冴えを堪能できる。

☎ 090-4755-7744

東京都中央区築地4-10-8／営7時半～14時（13時半L.O.）、夜は予約のみ営業／休水、3連休の最終日／席カウンター4席、テーブル4席×3卓　計16席／全席禁煙／カード不可／予夜のみ要予約／サなし／交地下鉄日比谷線築地駅1番出口から徒歩3分

その他のメニュー

中トロ・赤身丼 2300円、ばらちらし1800円

ビール：瓶650円　焼酎：グラス700円～　日本酒：1合700円

「おとなの週末」が自信をもっておすすめする「場外で買う」逸品

おでん

佃權《つくごん》 門跡橋工房《もんせきばしこうぼう》 | MAP D–1

創業140余年の老舗。店頭には、約70種類が並び、煮込んだおでんから湯気が立ち上る。この道20年以上のベテラン職人が朝早くから手作りする練り物は、そのまま食べても美味

東京都中央区築地4-12-5／☎03-3542-0181（本社）

築地みやげ 900円

各種 130円〜

築地 紀文《きぶん》店 | MAP D-2

素材の味を引き立てる練り物の数々。玉子が丸ごと1個入った「玉子巻」(230円)、イカ、海老、ごぼう巻を串刺しにした「三ツ串」(230円)など、バリエーション豊富

東京都中央区築地4-13-18／☎03-3541-3321

盛り合せ 500円

丸玉《まるたま》水産加工 | MAP D-5

波除《なみよけ》通り沿いに店を構える、練り物の専門店。上質な素材で作るおでん種は、食感のよさが特徴だ。シンプルな練り物をたっぷり詰め合わせた、リーズナブルなセットがおすすめ

東京都中央区築地4-13-13／☎03-3541-6879

玉子焼き

厚焼（大） 620円

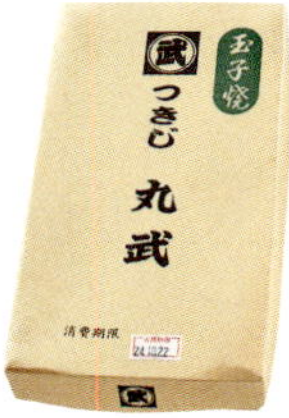

丸武《まるたけ》 | MAP C–5

なめらかな口当たりで、柔らかく焼き上げられた食感が絶妙。ダシと甘さのバランスがよく、玉子の風味がしっかりと伝わる

東京都中央区築地4-10-10／☎03-3542-1919

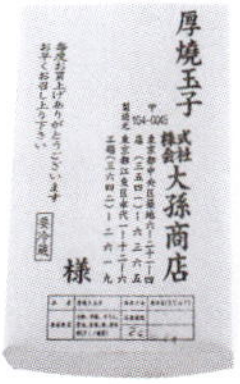

大孫商店《だいまご》 | MAP F–2

昔から寿司屋向けに販売している。甘さ控えめで、食べ飽きない味わいが特徴

東京都中央区築地6-21-4／☎03-3541-6365

厚焼 630円

厚焼玉子 620円

玉友《たまとも》商店 I MAP C-4

奥まった場所にある一軒。秘伝のダシの風味が豊かで、充分な甘みとともに口中に広がる。しっとりとした食感も◎

東京都中央区築地4-10-8／☎03-3541-3181

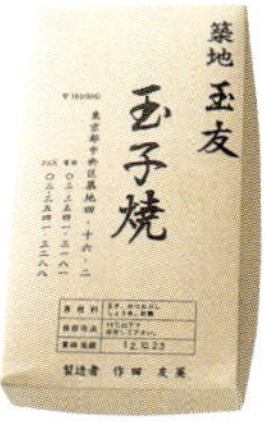

明太子

博多あごおとし 400g 1470円

仁科商店

I MAP C−2

有名店「博多まるきた水産」の辛子明太子。
他店と比べて一腹あたりの大きさが最も立派で、塩辛さのバランスもいい

東京都中央区築地4-10-3／☎03-3541-1791

辛子明太子（並） 1080円

伊八《いはち》

I MAP C−5

福岡から直送する明太子の専門店。
店頭でパック詰めしながら販売するパフォーマンスもある

東京都中央区築地4-10-10／☎03-6228-4155

博多 ふくいち 明太子 250g 1000円

中島商店

干物を中心に海産物を扱う一軒。
色が濃く、プチプチっとした弾力がいい明太子は、旨みが凝縮されている

| MAP **D–3**

東京都中央区築地4-13-17／☎03-3541-8265

明太子（博多産） 340g 1000円

マルタ食品

海産物の中でも、イクラ、筋子、数の子など国産にこだわった魚卵類に特化した店。
プリッとした食感が特徴

| MAP **D–5**

東京都中央区築地4-13-9／☎03-3544-6558

スイーツ

江戸一 I MAP D-3

ホクホクとした自然な甘さの白花豆に、きな粉とココアをまぶした
新感覚のスイーツ。日本茶だけでなく、コーヒーとも好相性
※夏季は「ここあ白花豆」がない場合もある

東京都中央区築地4-13-4／☎03-3543-5225

角山《かくやま》本店 I MAP F-1

生麩と湯葉の専門店が手掛ける和菓子。
ツルンとした生麩の生地と、なめらかな餡の食感がたまらない

東京都中央区築地6-21-1／☎03-3541-8184

はちみつりんご あんぱん 270円

けしあんぱん 200円

極上栗あんぱん ゴールド 390円

築地木村家 ペストリーショップ 場外市場店

MAP **D–1**

銀座木村家より暖簾分けした老舗。多種多様なあんぱんは、ビールホップを使った軽い生地が特徴

東京都中央区築地4-14-1／
☎03-3541-6885（本店）

茂助だんご つぶ餡 154円

茂助だんご こし餡 154円

茂助だんご 醤油焼き 144円

茂助《もすけ》だんご 場外市場店

MAP **D–3**

日本橋魚がしで創業以来、110余年続く老舗。醤油の香ばしさや、たっぷりと使用した餡が食欲をそそる

東京都中央区築地4-14-18／
☎03-3549-8730

本マグロ 200円

中トロ 220円

築地 さのきや

MAP **C–1**

マグロ型の鯛焼きは小倉あん入り。パリッと香ばしい「本マグロ」、もっちり皮に杏も入る「中トロ」がある

東京都中央区築地4-11-9／☎03-3543-3331

総菜

ローストビーフ 100g 480円

牛のもも肉を使った、老舗精肉店オリジナルのヘルシーローストビーフ。柔らかく、しっとりとした舌触り

近《おう》江《み》屋《や》牛肉店

| MAP **D–2**

東京都中央区築地4-14-1／
☎03-3541-7398

角煮ちまき
5個入り620円

柔らかい豚の角煮がゴロゴロ入った、食べ応え満点のちまき。電子レンジで5分で食べ頃に

ところてん 220円

丸《まる》玉《たま》水産加工

| MAP **D–5**

店頭で食べられる突きたては100円。味は黒蜜、三杯酢、黒酢の3種類から選ぶことが可能

東京都中央区築地4-13-13／
☎03-3541-6879

鯨うねすベーコン 100g 2060円

鯨さえずりベーコン 50g 720円

鯨の登美粋《とみすい》

MAP **C−3**

最高級とされる、クジラの胸部分〝うねす〟と、希少な舌肉〝さえずり〟をベーコンに。独特の旨みがクセになる

東京都中央区築地4-10-17／☎03-6278-8194

吉《よし》澤《ざわ》商店

MAP **D−4**

肉の旨みがたまらない高級牛のメンチ。何もつけずに、そのまま食べても◎

東京都中央区築地4-13-15／☎03-3541-4656

松阪牛メンチカツ 350円

鶏皮のにこごり
約450g 1000円

ととや

MAP **F−1**

鳥料理店ならではのテイクアウト品。生姜の香りと鶏皮の歯応えがアクセントに

東京都中央区築地6-21-1／☎03-3541-8294

お土産

菅《すが》商店

MAP C-2

東京都中央区築地4-10-2／☎03-3541-9941

黒豚シュウマイ 1個100円

鹿児島産黒豚の肩ロースを使用。粗挽き肉の食感とコクが存分に味わえる。写真の6個入りは596円。

鶏シュウマイ 1個80円

鳥取の大山鶏を具材に使った柔らかなシュウマイ。軟骨の歯ごたえも楽しい。8個入りは639円

築地うなぎ食堂

MAP D-2

炭火で焼かれたふっくらうなぎが美味。店内でも「うな丼」などが食べられる

東京都中央区築地4-13-18／☎03-3248-1291

うなぎ飯弁当 1050円

とり弁当
800円

鳥藤《とりとう》 | MAP C-2

ご飯の上に大山鶏のモモ肉の照焼き、ぼんじり、そぼろなどが敷き詰められている

東京都中央区築地4-10-18／☎03-3541-2545

佃煮各種
300円

江戸一 | MAP D-3

写真右から、金ごまわかさぎ、にしん炊き、生姜あさり。それぞれ素材に合わせた味付けがされて、ご飯に合う

東京都中央区築地4-13-4／☎03-3543-5225

テイクアウト

鯨カツ 200円

鯨の登美粋《とみすい》

MAP **C–3**

築地唯一の鯨料理専門店の店頭で買える。ミンク鯨の赤身は、臭みがなく、驚くほど柔らか

東京都中央区築地4-10-17／☎03-6278-8194

築地 紀文店

MAP **D–2**

カニかまに辛子マヨネーズ入りの越前揚、マグロの落とし身を使った1串など、熱々が楽しめる

東京都中央区築地4-13-18／☎03-3541-3321

まぐろボール 310円

越前揚 210円

お好み揚げ 310円

おにぎり屋 丸豊《まるとよ》

MAP **B–5**

築地ならではの具材が評判の手作り感あふれる人気の品。食べごたえバツグン

東京都中央区築地4-9-9／
☎03-3541-6010

**焼おにぎり
（青海苔佃煮）**
218円

かきご飯
218円　※冬季限定

もろこし揚
320円

味の浜藤《はまとう》

MAP **C–2**

白身魚のすり身を使用。表面にも中にもギッシリと詰まったもろこしの甘さが二重丸

東京都中央区築地4-11-4／
☎03-3542-2273

串玉味くらべ
680円

築地 山長《やまちょう》

MAP **C–5**

海老、穴子、蟹、プレーンの4種類が1パックに。プレーンは1本売りもあり

東京都中央区築地4-10-10／
☎03-3248-6002

築地場外を堪能する5つのポイント

晴海《はるみ》通りと新大橋通りに面した築地場外市場は、約４００店もの食料品店や飲食店がひしめく〝食の一大スポット〟。場内に比べて一般観光客にも買い物がしやすく、気軽に食事ができる店も充実している。ここでは、場外散策をする前に押さえておきたいコツをご紹介！

1 混雑を避けるには先手必勝で攻めるべし

飲食店のプロや観光客で、早朝から大賑わいの築地場外。場所によっては身動きとれないほど人があふれており、土曜日はとくに混み合う。荷物は手軽に、歩きやすい服装で出かけるのがベターだ。〝スリに注意〟との貼り紙もあるので、十分に気をつけたい。

午後12時を過ぎるとランチ目的の周辺ビジネスマンが一気に押し寄せるため、その前にはお目当ての飲食店に駆け込んでおくべし。公園通り付近にある『多《た》け乃《の》』などは、メインストリートから離れているため観光客は少なめ。行列にうんざりした場合は、こちらのエリアに足を延ばしてみよう。

買い物をするときは、午前9時前に到着しておけば比較的ゆっくり見て回れる。午後2時を過ぎるとぐっと人混みは減るが、閉店してしまう店も多いのでご注意を。

2 限定商品や特売品 土曜の築地は面白い

混雑はするが、そのぶんお得さもアップするのが土曜日。築地市場の活性化のために、あちこちの店で土曜限定商品の販売や特売セールを行っている。マグロなどの目玉商品には人が殺到し、あっという間に売り切れてしまうこともある。早い時間帯に訪れて、何がどのくらいの値段で売られているのかチェックしてみよう。また、土曜は露天で食べ物を売る店も増えるので、食べ歩きを楽しむのもよい。

※この記事は「おとなの週末」2012年12月号に掲載されたものを再録しました

3 専門食材に調理器具 プロ仕様の品をゲット

築地では鮮魚のほか、加工品や調味料などプロ御用達の食材が手に入るのが魅力。どこで買えばいいか選び悩んだら、イクラなら「魚卵専門店」、かつお節なら「乾物専門店」など、各商品の専門店に的を絞るのがいい。買い物をする際に重要なのは店の人としっかりコミュニケーションをとること。産地や調理法などプロにしかわからないことも多いので、どんどん質問しよう。

↑いろんな店を回るのが、良い買い物への近道

市場で新鮮な食材を買った後は包丁や鍋など、プロ用の調理器具を取り扱う店を覗いてみるのも楽しい。有名百貨店より2～3割安く買えることもあるので、料理好きの人はチェックしてみるべし。

4 買い物上手になる裏技あれこれ

築地は一般店より安く設定されている店が多い。そのためむやみに値切ってもさらに安くはなりにくい。ただ、まとめ買いをする場合はサービスしてくれることもある。また、多くの物販店が閉店する午後1時～2時頃訪れると、売れ残りの生鮮品を思わぬ安値で売ってくれることも。持ちきれないほどお土産を買い込んでしまった場合、築地ではほとんどの店舗で宅配サービスを行っているので安心だ。

あとは、とにかく何度か歩いて回ること。見て聞いて肌で感じるうちに、思わぬ逸品に出合えるかもしれない。

5 無料休憩所&案内所を上手に使う

波除《なみよけ》通りのなかほどにある総合案内所『ぷらっと築地』にはインフォメーションデスクが配置され、観光客の相談に対応してくれる。マップの配布やグッズ販売も行っているので、ぜひ立ち寄ってみたい。ほかにも休憩所、トイレ、喫煙所があるので、散策で疲れた身体を無料で休めるには最適の場所だ。日曜や休市日にかかわらず、年始を除き年中開いているのもうれしいかぎり。

築地今昔物語

開設から70余年、今や世界最大の市場となった築地市場。昔の築地はどんな雰囲気だったのか、築地で生まれ育ったお2人に、築地の歴史を語ってもらいました。

魚を売ると捕まる時代もあった

「昔のお客さんはほとんどが玄人でした。『負けてよ』『全部持っていくなら1000円にしとくよ』なんてプロ同士の丁々発止のやりとりがあって、それはにぎやかでしたよ」

戦前の築地のようすをこう語るのは、鮮魚「三宅水産」の二代目社長、三宅正義《みやけまさよし》さん（82歳）。築地市場が開設したのは昭和10年。仲卸《なかおろし》の集まる場内市場のまわりに、自然発生的に発展したのが場外市場だった。

「当時の鮮魚店は場内が中心で、場外は野菜や瓶詰め、荒物《あらもの》屋（雑貨屋）など付属商の場所でした。現在は場外だけで35軒ある鮮魚店も、当時は4～5軒しかなかったんですよ」

当時、築地は市場でありながら、銭湯や床屋もあれば子供たちがにぎやかに遊ぶ声も聞こえる町だった。

そんな築地の灯を消したのが第二次世界大戦。食料品は配給統制となり、疎開で築地を離れる家族も増加。三宅水産も商売を中断した。

「戦時中は築地もゴーストタウンでしたね。魚を売ると懲役刑をくらっちゃうの。仲間の魚屋で、ヤミで魚を売って2ヵ月くらい留置場に入ったのもいたね」

終戦後、そんな築地も息を吹き返す。高度経済成長とともに売り上げも増え、バブルを迎えると三宅水産でも高級魚が飛ぶように売れた。

そしてバブル崩壊後は一般のお客

三宅水産
三宅正義社長
築地で70年以上続く鮮魚店の二代目。17歳で社長になってから60年以上、築地の歴史を見つめ続けてきた

つきぢ松露
齋藤元志郎社長
築地で約60年続く玉子焼き店の三代目。「昔はプロ以外は買えないというイメージでしたが、今は変わりました」

※この記事は「おとなの週末」2011年12月号に掲載されたものを再録しました

が圧倒的に多くなった。

「昔と違って『さんま2匹ちょうだい』というお客さんも大歓迎です」(三宅社長)

客足の激減で半値市をスタート

「昭和30年代の場外のお店は、木造二階建ての長屋で数軒がつながっていたんですよ」

戦後の築地の街並みをこう語るのは、玉子焼きの老舗「つきぢ松露《しょうろ》」三代目社長、齋藤元志郎《さいとうもとしろう》さん(62歳)。

「寿司屋さんや魚屋さんが、竹カゴをしょって買い出しに来ていました。まだ地下鉄の駅はなく、築地への足は都電や自転車。そのうちバイクやオート三輪が出てきたけど、一般の方はまず、いなかったですね」

プロを相手ににぎわっていた築地にかげりが見えたのは'90年代。世間で週休二日制が導入され、土曜に仕入れに訪れる料理屋が激減したのだ。そのため当時は土曜を休市日にしていたが、土曜の築地に活気を呼び戻したいと提案されたのが「半値市」。ところが「卸値なのに、さらに半値はないだろう」と猛反対にあう。

「反対を押し切って開催したら、年の暮れさながらにものすごいお客が来たんです。その後、半値市を年2回に増やし、名店会で『土曜の築地はおもしろい』というコピーも作りました。大江戸線の築地市場駅ができたこともあって、一般客が飛躍的に増えました。大手寿司チェーンが参入したのも、築地が観光地として盛りあがってきたからなんです」

「つきぢ松露」でも、一般向けにハーフサイズの玉子焼きを増やそうとした時は、先代の猛反対にあった。

「『業務用の商売をしているのにそれはタブーだろう』と。それでも小さいサイズをどんどん増やしたおかげで、一般のお客様も増えました」

こうした老舗の努力によって、現在の築地は連日にぎわっているのだ。

「いろんな工夫を重ね、今の活況を続けたいですね」(齋藤社長)

昭和31年ごろの築地場外市場。オート三輪が時代を感じさせる。右側に見える水路(運河)は徐々に埋め立てられ、30年後には完全に姿を消した

通ってわかった築地の買い物のコツ

とにかく質問するが吉

品物選びの際にもっとも重要なのが、お店の人とのコミュニケーション。「今日の晩ご飯にいいものありますか？」「お兄さんが食べるとしたら？」などと尋ねると、真剣に考えてお薦め品を教えてくれることが多かった。

また、築地では１つの商品でも産地や大きさ違いで値段に幅があって迷ってしまうが、価格と品質は必ずしも比例しないのでどんどん質問したい。「価格で味は違いますか？」と聞くと、「５００円のは落ちるけど、１０００円と２０００円は正直変わらない」と教えてくれたりする。

品物が決まったら、ほしい分量をはっきり伝えると融通がきくこともある。築地は「量は多いがその分お得」が基本だが、値札に「３００g××円」とあっても２００gだけ売ってくれたり、マグロ屋で「赤身と中トロ半々で、２人分ほしい」と言うと、希望通りに包んでくれたりした。また、築地では計り売りが多く、パックの裏に説明書きなどもないので、「調理法は？」「日もちは？」など、気になることは何でも尋ねておきたい。

買って失敗したものとは

買って失敗だったのは、肉屋の業務用冷凍ホルモン１kgパック。板状でカチカチに凍っていたためカットできず、結局電子レンジで解凍。家庭では衛生上再冷凍は避けたほうがいいとされるので、数日かけて半分以上食べたが、残りは捨てることに。冷凍で塊になっている商品は、再冷凍可能か確認しておきたい。

築地の商品は「価格はスーパー並みで品質はデパートかそれ以上」という印象。よって価格だけではお得かわかりづらいので、買いたい商品の相場を前もって調べておくといい。生ものを購入する場合は、保冷バッグを持参するのが便利。鮮魚店や近くのコンビニでも購入できる。

※この記事は「おとなの週末」2011年12月号に掲載されたものを再録しました

移転間近！ 旨いものはここにある

場内の飲食店

次のページから、本誌カメラマンが長年かけて撮影してきた、場内「魚がし市場」の垂涎のメニューの数々をご紹介します。

各店舗の情報については、１１２ページからの「築地場内完全ランキング」をどうぞ。例年、覆面取材で場内店の評価をしてきた「おとなの週末」による、渾身のランキングです。

「魚がし市場」内のマップは、１１１ページでご紹介しています。

築地場内 特撰

★★★
三ツ星

Gallery

「おとなの週末」本誌で過去に掲載した場内飲食店の
絶品感動メニューの数々を、ここにあらためてご紹介します。
場内各店舗の詳しい情報については、
112ページからの記事をご覧ください。

大《おお》間《ま》の本マグロ大トロ

今や大ブランドとなった青森・大間の本マグロ。脂はジューシーで上品。舌の上でとろけてしまう

大和寿司

[6号館]→P114

マカジキ

とりわけ上質な脂を蓄えたハラモ（お腹の両脇）の部分の握りで、唸るほどの美味しさ

本マグロ大トロ

キレイにサシの入った大ぶりのネタに、煮切りがさっと塗られて出てくる

寒ブリ

北海道産で、一番脂ののっているところのみを厳選して握ってくれる

大和寿司

[6号館] → P114

サヨリ

身に透明感があり、新鮮そのもの。食感よく上品な味わいだ

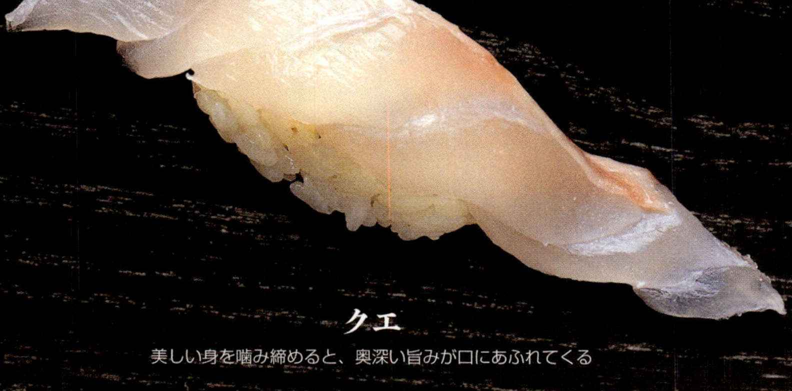

クエ

美しい身を噛み締めると、奥深い旨みが口にあふれてくる

八千代

[6号館]→P127

車海老フライ定食

刺身でもいけるほど鮮度のよいものを使う。フライはサクサクした食感で口当たりが軽い。大きな車海老の頭にはたっぷりとミソが詰まっている

龍寿司

場内

［1号館］→P116

生カキ

甘みがあって表面もツヤツヤ。下味がついているから、そのままいただくのがおすすめ

ブリ

天然物で、クドさのない脂がたっぷり。小気味いい食感も堪能したい

カワハギ肝のせ

まったりとしたコクが豊かな肝が、淡白な身をひきたてる

アズキハタ

ほのかな甘みを感じる身を、スダチの果汁と塩でシンプルにいただく

煮ハマグリ

大粒ハマグリは、上品な甘い味付けに、プリッとした噛みごたえもいい

車エビ

新鮮なエビを茹で上げるので、芳醇な甘みが口いっぱいに広がる

大江戸

［8号館］→P127

大江戸ウニ盛り北海丼

たっぷりと脂がのったキングサーモンや、大粒のホタテ、ズワイガニ、イクラ、バフンウニが山盛り

なかおち、イクラ丼

メバチマグロのなかおちと、イクラがこれでもかというほど盛り込まれている

寿司大

[6号館] → P118

サンマ

食べるのがためらわれるほど美しい身が、頬張るとトロトロにほぐれていく

鰆

脂ののりが抜群で、プリプリとした身の甘みが際立つ

サバ

三浦半島・松《まつ》輪《わ》産の秋サバ。口の中でとろける脂の旨みが絶品。酢の淡いシメ具合も絶妙だ

春子鯛

きめ細やかで、なめらかな舌触り。春を感じさせるネタのひとつだ

寿司大

［6号館］→P118

白魚

鮮度抜群で、弾けるような食感。爽やかな香りも楽しみたい

生イクラ

冬場のイクラは、北海道産と三陸産が中心。皮の柔らかい上物を、秘伝の醤油だれに漬ける

カキ

ふっくらとして、クリーミー。磯の風味をポン酢で一層ひきたてている

場内

和食かとう

[8号館] → P126

かきどうふ

冬の人気メニュー。ふっくらとしたカキは、旨みが凝縮され、木綿豆腐や白菜にも風味が染みている

岩佐寿し

［1号館］→P122

カワハギ肝のせ

口にふくめば、食感の良い身と、旨み豊かな肝が渾然一体に

ウニ

北海道・利尻でとれた夏期のウニは、濃厚な甘みとコクがたっぷり

車えび

ひと口でほおばるのが大変なほどの大きさで、上品な甘みが広がる

カキ

口の中で優しくとろけるカキ。ポン酢をたらしてから、一口で頬張りたい

ヒラメ

しっとりとした舌触りで、噛み締めれば奥深い旨みがあふれてくる

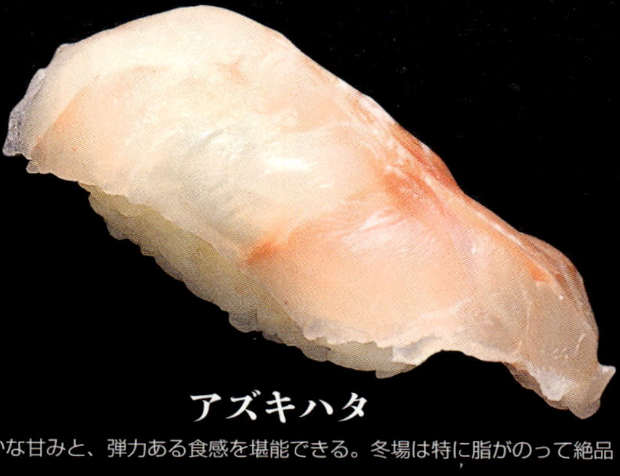

アズキハタ

ほのかな甘みと、弾力ある食感を堪能できる。冬場は特に脂がのって絶品

鳥藤 場内店

[8号館] → P125

水炊き ご飯付き

骨付きのもも肉やコリコリとした食感のなんこつ、つくねなどが入る。鶏のエキスが溶け込んだスープも、深みのある味わい

親子丼

弾力あるモモ肉を噛み締めれば、あふれだす肉汁がジューシー。玉子の半熟具合も絶妙だ

すし処 おかめ

［6号館］→P120

アンキモ

まったりとした口あたりで、濃厚なコクがたっぷり。海苔の風味がよく合う

焼き白子

新鮮そのものの白子は、芳醇な甘みが特徴。軽く炙ることで味わいはさらに凝縮する

太刀魚

シャッキリとして、新鮮そのもの。淡白な味わいの中にもほのかな甘みを感じる

天房

[6号館] → P128

上天丼

穴子、エビ、芝エビ、ハゼ、キスにアスパラ、ナス、シシトウなどが入る。毎日店でさばく穴子は、ホロホロと溶けるような食感

福せん

［6号館］→ P129

ヘルシーまぶし丼

ウナギの蒲焼きのほか、とろろや納豆などを盛り込んだ、精力みなぎるパワフルな丼。それぞれの食材が口中で絶妙のハーモニーを生み出している

うな鳥丼

ウナギと焼き鳥を一度に楽しめる人気の丼。双方の旨みやコク、そして脂が口の中で渾然一体に

寿司処 やまざき

［6号館］→P121

サヨリ

歯触りの良い身からは新鮮さを感じられる。美しいにぎりを目でも堪能したい

シロエビ

富山湾の宝石とも称される。ねっとりとした舌触りで濃厚な甘みが特徴

アジ

質のいい脂と旨みがふんだんにつまっている。プリプリとした弾力ある食感だ

場内

江戸川

[6号館]→P129

タラ煮

新鮮なタラの風味が十分に感じられる煮付け。甘辛のタレは濃いめだがスッキリした味で、酒にもご飯にもよく合う

深川丼

毎日仕入れる国産のあさりは、柔らかく滋味深い。ネギの風味や海苔の香りもよく、一気に平らげてしまう

磯寿司

［10号館］→P122

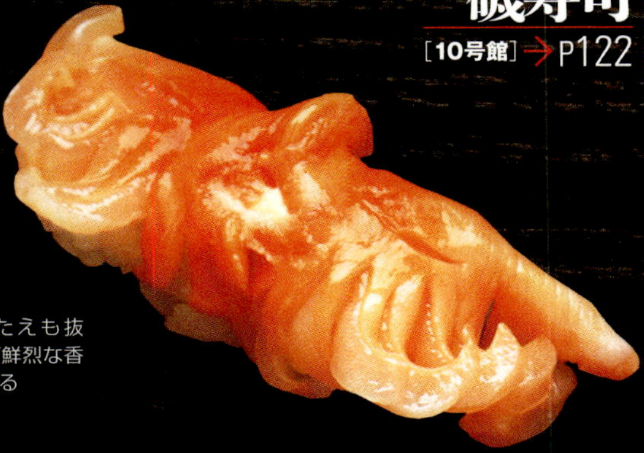

赤貝

肉厚で歯ごたえも抜群。頬張れば鮮烈な香りが口に広がる

金目鯛

皮目にさっと熱湯をかける〝湯霜〟にすることで、脂の上品な甘みをさらに繊細に感じられる

インドマグロ中トロ

濃厚なコクと脂の甘みが一度に味わえる。赤身からトロにかけてのグラデーションが見事！

場内

小田保

［6号館］→P128

かきミックス

サクッと揚げられたフライは、ジューシーな旨みが広がりクセになるおいしさ。まろやかなバターのソテーもご飯によく合う

鮨文

［8号館］→P123

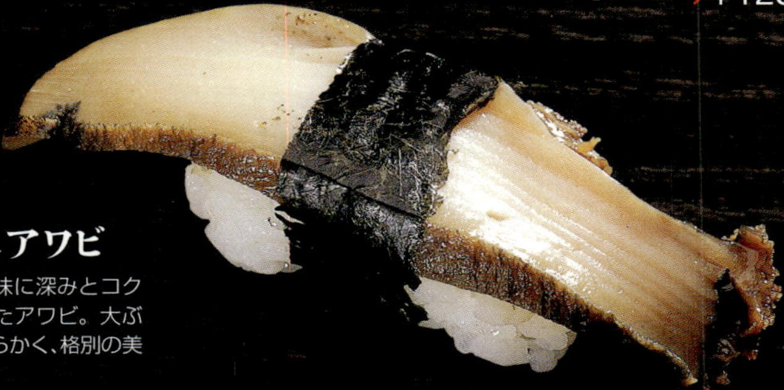

蒸しアワビ

蒸して味に深みとコクが増したアワビ。大ぶりで柔らかく、格別の美味しさ

ヒラスズキ

希少な冬のスズキ。優しく噛むだけで上品な味わいの白身がトロリと崩れていく

白子

軍艦巻きからこぼれ落ちんばかり。トロトロの舌触りと上品な旨みに、しばし絶句する

つきじ丼匠

［6号館］→P128

あじ叩き丼

醤油や酒、みりんなどで味を調えた、秘伝の特製ダレに漬け込んだアジはしなやかな歯触りで、甘みも充分

すしまる

［10号館］→P123

キンキ炙り

炙ることで、とけだす脂の旨さを舌にダイレクトに感じられ、まろやかな酸味のシャリともよく馴染む

カワハギ肝付き

贅沢にたっぷりと肝をのせ、ひと口で頬張れば、ネタとシャリをまろやかなコクが包み込む

ハマグリ炙り

シャリが隠れるほど大粒の高級ハマグリを、ていねいに網で炙り、ふくよかな香りが立ちのぼる。ジューシーな身は極上の味わいだ

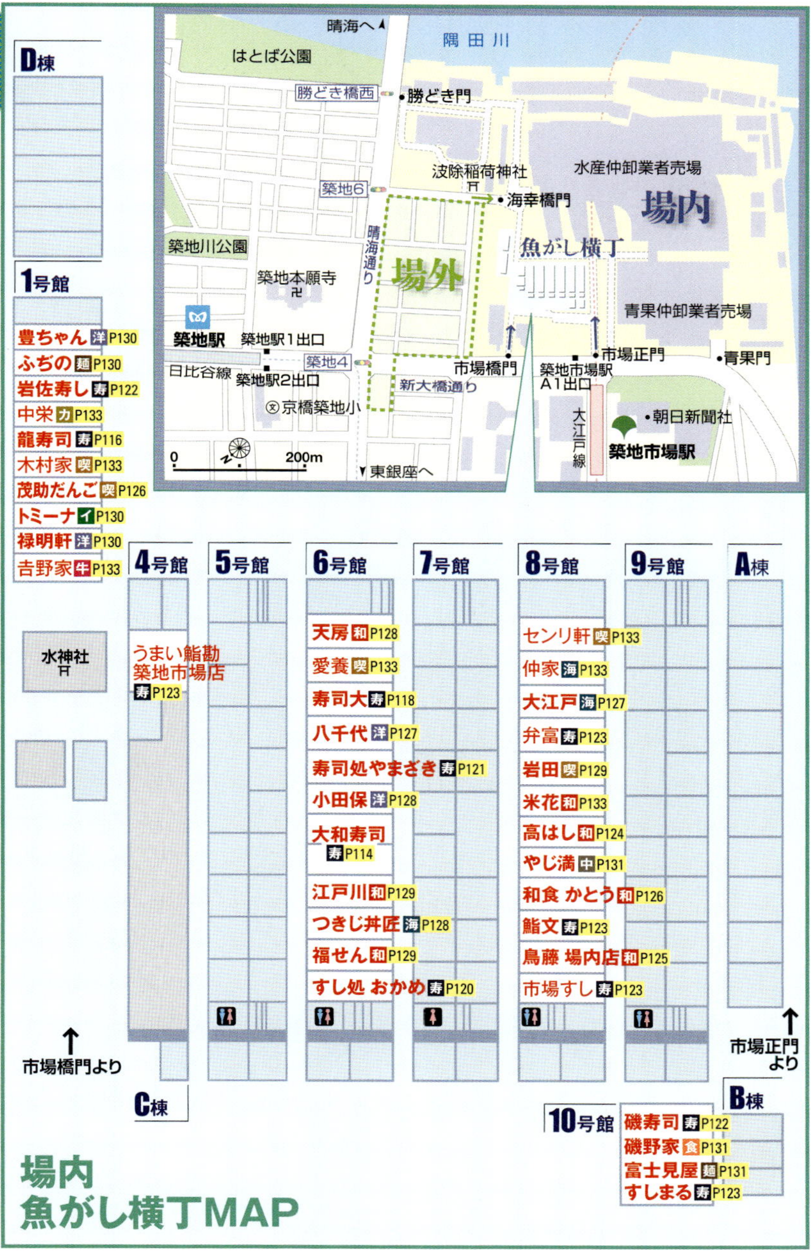

晴海へ
隅田川
はとば公園
勝どき橋西
勝どき門
汐除稲荷神社
水産仲卸業者売場
築地6
海幸橋門
場内
晴海通り
築地川公園
魚がし横丁
築地本願寺
場外
青果仲卸業者売場
築地駅
築地駅1出口
市場正門
青果門
築地4
市場橋門
日比谷線
築地駅2出口
築地市場駅 A1出口
新大橋通り
京橋築地小
大江戸線
朝日新聞社
築地市場駅
0
200m
東銀座へ
D棟
1号館
豊ちゃん 洋 P130
ふぢの 麺 P130
岩佐寿し 寿 P122
中栄 カ P133
龍寿司 寿 P116
木村家 喫 P133
茂助だんご 喫 P126
トミーナ イ P130
禄明軒 洋 P130
吉野家 牛 P133
水神社
4号館
うまい鮨勘
築地市場店
寿 P123
5号館
6号館
天房 和 P128
愛養 喫 P133
寿司大 寿 P118
八千代 洋 P127
寿司処やまざき 寿 P121
小田保 洋 P128
大和寿司
寿 P114
江戸川 和 P129
つきじ丼匠 海 P128
福せん 和 P129
すし処 おかめ 寿 P120
7号館
8号館
センリ軒 喫 P133
仲家 海 P133
大江戸 海 P127
弁富 寿 P123
岩田 喫 P129
米花 和 P133
高はし 和 P124
やじ満 中 P131
和食 かとう 和 P126
鮨文 寿 P123
鳥藤 場内店 和 P125
市場すし 寿 P123
9号館
A棟
市場橋門より
市場正門より
C棟
10号館
B棟
磯寿司 寿 P122
磯野家 食 P131
富士見屋 麺 P131
すしまる 寿 P123

場内
魚がし横丁MAP

2013年
築地場内完全ランキング

寿司部門&食堂部門

※この特集は「おとなの週末」2013年12月号に掲載されたものを修整、再録しています。価格やメニューの内容などはすべて覆面取材時のものです。季節や仕入れ状況によって変更される場合があります。写真は一部、本誌2008年9月号から流用しているため、本文と内容が異なる場合があります。

築地市場の正式名称は、「東京都中央卸売市場築地市場」。1935（昭和10）年に開設され、その広さは約23万平方メートル。日本のみならず世界中から海産物や農産物が日々集まってくる。その一部は観光客にも開放され、マグロのセリなども見学できる。

場内には「魚がし横丁」と呼ばれるエリアがあり、物販店や飲食店が軒を連ねる。そして、元は市場勤務者や取引業者の食事処であった飲食店39軒が、今や観光客の舌をも喜ばせているのだ。寿司店や海鮮丼専門店はもちろん、洋食や喫茶店まで、バラエティに富んだラインナップ。一部例外はあるが、店舗の営業は、市場の営業に合わせて日・祝と休市日（月に数回、水曜が休みとなる）が休業。営業時間は朝5時ごろから14時前後まで。この特殊な営業時間やこぢんまりとした店構えであるにも関わらず、連日観光客が列を成す人気スポットだ。

その「魚がし横丁」にある飲食店を本誌記者が覆面取材。編集香山光とライター松岡芙佐江と名須川ミサコが、行列に並んで覆面取材を敢行。実際に食べ歩いたからこそジャッジできる、本誌でしか読めない〝真実の〝築地場内ランキングです。さあ、場内で訪れるべき店はどこだ!?

寿司部門

築地といえば、やっぱりすし。差が出るのはネタか、シャリか、サービスか？
ライター松岡と編集香山が３０００円前後のにぎりセットを中心に食べ比べ、ランキングしました。

第1位 大和寿司《だいわずし》

6号館

味、接客、居心地、全てにおいて文句なし！

場内にある寿司店の中で、平日休日、時間帯を問わず行列ができているのが「大和寿司」。覚悟して行列の最後尾についたが、みるみる列が進む。

というのも、店を2軒分構えているため席数が20席以上と場内の他店より広く、そして入り口と出口がしっかり分かれていて人の流れがスムーズなのだ。平日の10時前、30人近く並んでいたが1時間弱で店内へ。

カウンターに座り、「おまかせにぎり」をお願いすると、まず出てきたのがにぎったばかりの大トロと白イカ。煮切り醤油がさっと塗られた大トロをひと口。

松「とろけます！」

ありがちな感想で恐縮ですが、まさにこの通り。口の中に脂がさっと広がり、シャリと絡み合う。ネタもシャリも熱からず冷たからず、絶妙の温度加減によるものだ。

香「煮切りが塗られていると、職人さんの細やかな仕事を実感できていいですね」

白イカはさっくりと歯切れがよく、ひと噛みごとに甘みが広がる。

お次はウニの軍艦巻きと玉子。海苔がぱりっとしていて、握りたてであることを、これでもかと主張してくる。

松「ウニと海苔と、磯の香りがダブルで混ざりあって感動ものです」

続いて中トロと車海老、あぶった頭付き。中トロはするりと溶けた。車海老の身はぷりっとして甘みがあり、頭は香ばしく、つい酒が飲みたくなる。

　その後出されたカンパチは、脂がのりながらも、切れよくのどを通る。

香「ほのかに温かい穴子は口に入れるや、ほろほろっと崩れますね」

　夢中で手を出す我々のスピードに合わせて、職人さんがテンポよく握ってくれる。すしを握る手際のよさと、それを置く手つきの丁寧さに脱帽です。さらに、多くは語らないが、ネタについて質問をしたら、ハキハキと答えてくれた。

　最後の〆は鉄火巻きとイクラ巻き。ふっと舌に触れた海苔のうまみと共に、シャリと赤身を噛み締めて、おまかせのセットは終了。うまかった…。

松「これは、大満足ですね〜」

香「けど、にぎり7貫に巻物1本って少なくないですか」

　男性の香山さんには少なかったかな？　と店内を見回したところ、隣席の女性二人が、1貫ずつ追加していた。セットに入っていないネタもあるので、お好みで追加してさらに楽しむのもいいですね。ご参考までに、にぎりは1貫300円から700円程度がメインです。

　味、職人さんの佇まいと技術、居心地の良さ、何一つ文句の付けようがありません。最初に書いたように、他の人気店に比較すると行列の流れは良いですが、それでも1時間以上待つことがほとんど。そんな点を考慮に入れても「大和寿司」、ここを1位に推したいと思います。

→本マグロ大トロと中トロ、車海老、穴子、ウニ、真鯛、白イカなど。7貫に巻物一本、玉子、お椀付きのセット。↑平日休日に関わらず行列ができているが、比較的早く入れるので挑戦する価値あり。☎03-3547-6807

※写真およびメニューの価格表記は2013年12月号に掲載した時のものです。2014年4月の消費税改定など

第2位

龍寿司《りゅうずし》

1号館

ネタにもシャリにも技ありの逸品

２０１１年、２０１２年の築地特集で、本誌覆面ライターが1位にしたのがここ「龍《りゅう》寿《ず》司《し》」。

ネタは天然物のみにこだわり、シャリには赤酢を使用。手間を惜しまず、うまさを追求する姿勢が評価される名店なのだ。故・松下幸之助氏が、こちらの穴子をことのほか気に入っていたことで有名でもある。

その実力やいかに、と乗り込む香山さんとわたし。平日の午後1時すぎ、場内の店としては閉店間近なため、客はわたしたちを含め二組のみと落ち着いている。カウンターにつき、香山さんは「龍特製ちらし」を、わたしはにぎりの「蘭」を注文。お椀がついていないのが残念だが、7貫と巻物のセットで３１５０円は場内ではリーズナブル。箸を渡されなかったので、黒塗りの付け台に置かれたにぎりを手でつまみながらいただく。

本マグロのトロから始まったにぎり。まろやかな口当たりのシャリが、トロの脂と共に、はらりと口の中でほどける。肉厚で弾力のある赤貝や、つやつやと輝く大車海老は歯ごたえが心地よく、根室産のサンマには上に紫タマネギを添えてあり、目にも舌にもおいしい。その上、どのにぎりを食べても、シャリとネタが同時に喉の奥に消えていく。すばらしくバランスの取れたすしだ。

期待の穴子はたっぷりツメを塗られ、小皿にのって出てきた。心なしか、他よりもシャリのにぎり具合を

龍 特製ちらし
3150円
赤貝、本マグロ、イカのほか、玉子やカンピョウなど、職人の技が光る一品も盛りこまれている

弱めているのか、やわらかく、はかない食感の穴子と共に、まるで消えるかのように胃袋に収まっていった。さすがの一言。この穴子をめいっぱい楽しみたい方には「江戸前穴子丼」もオススメです。

香「にぎりも良さそうですが、このちらしもうまいですよ、シャリは酸味も塩味も控えめ、ネタと引き立てあっています」

丼の中には、赤身、中トロ、赤貝、タコ、イカ、白魚、玉子、カンピョウなどが整然と並んでいる。

興味津々、カンピョウを味見させてもらうと、こりっとした食感に、甘みが控えめなキリリとした味付け。むむ、これはうまい。実はわたしはカンピョウが苦手なのだが、それを返上したくなるほどの味だ。

静かな店内で、最後に出てきた赤貝のひもとキュウリの巻物、鉄火巻が無くなるのを惜しみながら噛み締める。海苔の風味も格別だ。

そんな中、

「なんだかちょっと緊張感がありますね」

と香山さんがぼそり。

確かに職人さんは小声で、ほとんど表情の変化なくクールな印象。他店のにこやかな接客とは一線を画している。そっとうかがっていると、常連らしき奥様に「今なにがおすすめかしらね、○○さん」と訊かれた際に「ホッキですね」とひと言のみ。一見客と常連を差別しない方針なのだろうか。気にしなくて良さそうだ。

必要以上に愛想をふりまかない、ホンモノの職人さんと女将さんと言えるのでしょうか。ともあれ味は絶品、間違いありません。

→本マグロのトロ、白イカ、赤貝、スズキ、アジなど7貫と巻物1本。巻物は本マグロ赤身鉄火とひもきゅうの2種類。↑正門から入ると一番奥の1号館にある。店頭にはその日おすすめのネタを表示している
☎03-3541-9517

※写真およびメニューの価格表記は2013年12月号に掲載した時のものです。2014年4月の消費税改定など

第3位

寿司大《すしだい》

6号館

朝から途切れぬ長蛇の列、人気の秘密は？

「寿司大」の行列には、実は2回チャレンジしている。一度目は、とある平日の早朝。開店直後の午前5時を狙って、5時20分に到着（少し遅刻しました……）。すると、店の前だけでは収まりきらず、建物脇の歩道にも10人以上の列が。

松「空腹で来たのに……」

　この日は断念し、後日並ぶことにした。

　二度目は平日の11時半ごろ、香山さんと二人で、長期戦を覚悟して列の最後尾に。最初はおしゃべりをしていた人たちが徐々に無言になっていく。縁石に腰掛ける者、帽子代わりにタオルを頭からかける者。全員から「おいしいものが食べたい」という執念さえも感じられる。

　1時間後、列の整理に来たスタッフの女性が言うには、「待ち時間？そうね、あと2時間くらいかしらねー。でも今日はいいほうで、土曜日、月曜日は特に混んでるから、3時間以上はザラですよ」。この声に列から離脱する人も。なんでも、開店1時間前の午前4時には、行列ができているらしい。

　足の疲れと空腹を抱えながら待つこと3時間近く。14時20分にやっと店内へ。「おつかれさまでした、大変お待たせしました！」という声で迎えられる。

　長時間待った自分をねぎらい、瓶ビールで乾杯。お通しのタコの煮付けの風味とやわらかさに目をむく。そして、「『旬魚』おまかせセット」をオーダー、ここも煮切りつきのトロから始まった。

松「ああ脂が甘い。……ちょっとシャリが温かすぎやしませんかね、いやでもうまい」

香「僕はちょうどいいと思いますよ。お、次は白身かあ」

　柑橘をしぼり塩をふったヒラメは歯ごたえが鮮烈。金目鯛は昆布締めにして旨みをぎゅっと濃縮、カワハギは肝をのせ、と旬のネタにひと手間かけている。

松「このホッキ、まだ動いてますよ！甘みと香りがすごい」

　客ひとりひとりの食べるスピードを見計らいながら、一貫ずつ提供されるため、焦らずゆっくり味わえる。この居心地の良さ。行列になるのは無理もない。

「今の時期のイクラは生です。生で食べられるのは12月くらいまでです」と聞きつつ、プチプチはじけるイクラをほおばれば、トロリとした濃厚なコクが口に広がる。並んだ甲斐があったとしみじみ思うものだ。

　途中「結構お腹いっぱいになってきましたね」と香山さんに話しかけたところ、それを耳にした職人さんから「少し小さめに握りましょうか？」とありがたい申し出。とにもかくにも、職人さんの気配り、目配りがすごいのだ。

「旬魚」 おまかせセット 3900円**の一部**　10貫に好きなネタ1貫サービス、巻物1本、玉子焼き、お椀がつく。1.本マグロの大トロ、2.肝をのせたカワハギ、3.ホッキ貝、4.金目鯛昆布締め、5.サンマ、6.北海道産バフンウニ、7.生イクラ、8.焼きたての玉子焼き

　外国人客の記念撮影にもノリノリで応じ、「サンキュー」「謝謝《シェシェ》」「カムサハムニダ」など、客の母国語で威勢良く見送る。客は皆にこにこしながら帰っていく。好みはあるかと思いますが、すし職人の落ち着いたイメージを覆すエンターテインメント空間でした。

　間違いなくまた行きたい店ですが、待ち時間がネックとなり3位とさせていただきました。TOP3は本当に僅差、どの店でも絶品を味わえるはずです。

開店から閉店まで行列が途絶えない人気店だが、一度は並ぶ価値あり
☎03-3547-6797

二ツ星の実力店

すし処《すしどころ》 おかめ《おかめ》

6号館

客の満足度を追求する実力店

こちらで注文したのは「旬のおまかせにぎり」。わたし好みの煮切り醤油つきだ。

しょっぱなに出てきたトロは濃厚なうまみにあふれている。脂ののったシマアジにカツオ、肉厚で甘み抜群のホタテなど、行列店に負けない味わい。にぎりで出されたウニは、何となく軍艦よりもスペシャル感がある。味付けは塩で、ウニの風味が舌にダイレクトに伝わってくる。

とんとんとテンポよく出てくるが、急かす雰囲気は一切なく、じっくり味わいながら食べられるのも好印象。

小ぶりなシャリは、最初の数貫は固めで舌に残ったのだが、その後はしっとり。たまたま巡り合わせが悪かったのでしょうか、その一点だけが残念でした。

ほかに印象的だったのがふわっふわの玉子焼き。「あったかい、おいしい」と声を上げると「この並び（6号館）で玉子を焼いてるのは、うちともう一軒だけだからね！」と教えてくれた。

最後には好きなネタを2貫リクエスト。お決まりだけでなくお好み気分も味わえるので、とことん寿司を楽しんだ満足感あり。誠実で丁寧な実力店です。

旬のおまかせにぎり 3600円**の一部**

10貫と巻物に、好きなネタが2貫追加できる。（左）左からヒラメ、シマアジ、中トロ、自家製玉子焼き、（右）左からウニ、イクラ、鉄火巻き。6号館の端に位置する。行列は少なめ。穴場です。☎03-3541-5450

寿司処《すしどころ やまざき》 やまざき

6号館

日本酒を片手にゆったりと楽しみたい

「寿司大」「大和寿司」という二大人気店の間にあるのでひっそりしているように見えがちだが、しっかり客をつかんでいるのがこちら。他店よりも比較的新しいのか、こざっぱりと明るい店内に案内される。中では常連客が朝酒中と、なんともうらやましい。

　にぎりは11貫の「菊」を選択。

香「シャリの酢と塩の加減が強めですね」

松「これはお酒が飲みたくなるのもわかります」

　ヒラメに金目鯛、赤貝に海老など、小ぶりにきゅっとにぎられたすしが、するする喉を通る。ウニに柑橘果汁を合わせるなど、独自の工夫も。最後の穴子は口の中でさらりと溶けた。

　にぎりも良いが、「特上ちらし寿司」もおすすめ。お重の左側にはトロ、甘エビ、カニ、タコ、イカ、貝のひもなどを端正に盛りこんでいる。右側のシャリにはイクラをちらしてウニを添えて。刺身部分で一杯飲んで、イクラ&ウニ丼で締める、という食べ方もオツです。朝酒・昼酒を楽しめる機会に、ぜひどうぞ。

特上ちらし寿司 3150円

清潔な印象を受けるすっきりとした店構え。☎03-3541-1105

↑思わず目を奪われる重箱タイプの美しいちらし。刺身部分の見えないところにもシャコやサーモンが入っていた

→(上)ウニとイクラ、玉子(下)大トロ2貫、コハダ、海老、赤貝。本来大トロと中トロだが、この日は品切れのためサービス

菊 3675円**の一部**

※写真およびメニューの価格表記は2013年12月号に掲載した時のものです。2014年4月の消費税改定など

その他二ツ星、一ツ星の人気店

1号館

岩佐寿し《いわさずし》 味、香り、食感で貝の奥深さを実感する

築地市場の仲卸業者直営店「岩佐寿し」。そのメニューの中で、ひときわ光っていたのが「貝づくし」だ。アオヤギ、ホッキ貝をはじめ全て貝類。巻物もひもきゅうで、とことん貝を堪能できる。

香「甘みや磯の香りが、種類によってこんなに違うとは。ねっとりしていたりキレが良かったり、千差万別ですね」

松「歯ごたえの良さも、ツブ貝はコリコリ、平貝はサクサク。貝って奥深い」

生ぐさみも全くなく、新鮮さを心底実感しました。貝好きにイチオシです。

貝づくし 3300円

↑黄色いのれんが目をひく。←左からひもきゅう巻物、アオヤギ、小柱、ミル貝、ツブ貝、平貝、ホッキ貝、赤貝と壮観の貝づくし。それぞれに味わいがある

☎03-3544-1755

10号館

磯寿司《いそずし》 5000円相当が半額になる限定7食を見逃すな!

店の前を通るたびに気になっていたのが「限定7食2500円」の張り紙。

カウンターで「限定の」と言ったら、あっという間に目の前に、にぎりがずらっと並んだ。店自慢の大トロの味はもちろん、赤身も美味。ヅケにすることにより旨みが凝縮し、生のマグロならではのほのかな酸味も感じられた。ややシャリの塩味が強く感じられたが、価格を考えれば、それもご愛嬌と思える満足感。平日は21時まで営業と使い勝手も良いです。

限定 2500円**の一部**

↑2階の磯野家でもすしを注文できる

←12貫に玉子とお椀付き。左･大トロ、中トロ、ヅケとマグロ三昧。右・サーモン、アジ、穴子など。ほかにイカや甘海老が出された

☎03-3542-1954

8号館

鮨文《すしぶん》

すしの味を純粋に楽しむことに専念すべし

店頭に、写真NG、子連れは場合によりNGなど注意書きがあり、創業約160年の老舗のこだわりにピリッとする。

注文したのは「にぎり・おまかせコース」。玉子、大トロから始まり、天然ぶり、車海老、赤貝、中トロ……と続く。ネタが大ぶりで味がいいのはさすが！　しかし、土曜日は席が総入替制で、端の客から順番に、流れ作業のごとくにぎりを出された。せっかくのすしを、もう少しじっくり味わいたかったです。

にぎり・おまかせコース 3675円**の一例**

↑看板は穴子。ツメに煮蛤や煮アワビのエキスを混ぜており、こっくりとした甘さだ。ネタは豪快、ウニの盛りもよく、味は確か。←張り紙は強烈だが、店員さんの応対はソフト。☎03-3541-3860

10号館

すしまる

腹一杯すしを堪能できる場内随一の良心価格

4000円相当のにぎりが2000円になる、太っ腹な「限定セット」を提供する「すしまる」。3150円の「おまかせ握り」とどう違うか、ずうずうしくも比較してみた。

松「数はおまかせ13貫、限定セット12貫。どちらも玉子つき、1貫の差ですね」

ネタもかなり重複していて、大トロや白身、ホタテの有無、ウニの量が違うくらいの差。その上、限定セットは一本穴子つきですから……。

香「限定セットがオススメと言えますね」

おまかせ握り 3150円

↑13貫でこの価格のおまかせは場内でもなかなかお値打ち。自慢のあぶりずしが3種もついていた。香ばしい風味で美味
←正門に最も近い10号館に店を構えている
☎03-3541-8414

その他の人気店

8号館　市場すし

ネタの中でも、特にマグロにこだわる店で、丼やつまみ類も充実している。明るい店内で、サービスも抜群。一見でも入りやすい雰囲気だ。

8号館　弁富

カウンター席でも、1カンずつではなく、寿司ゲタに盛り合わせで供するスタイルが、少々残念な気も。にぎりのセットはボリューム満点だった。

4号館　うまい鮨勘　築地市場店

大型店や回転寿司なども展開するチェーン店。カウンター席の他にもテーブル席もあり、他店よりも広々。つまみも種類豊富に揃うのも魅力だ。

※写真およびメニューの価格表記は2013年12月号に掲載した時のものです。2014年4月の消費税改定など

食堂部門

魚がし横丁の食堂をすべて覆面調査で食べ比べました。ここに行けば間違いなしの名店をご紹介します。

きんき煮付 3500円 **（高はし）**

網走沖で獲れた「釣きんき」は、一匹ずつ釣り上げられたキズの少ない高級魚。脂がのり、口に含むと、とろけてしまう。単品にご飯、味噌汁、小鉢が付く定食は、プラス300円

8号館

第2位

鳥藤《とりとう》 場内店《じょうないてん》

鳥料理

鶏肉卸の老舗が作る塩風味の親子丼

場外にある食堂「鳥藤分店」の場内店。明治40年創業の鶏肉卸業者が手がけるだけあり、鮮度抜群の肉を使った親子丼、鳥めし、水炊きなどが手頃な値段で楽しめる。どれを食べてもハズレはないが、とりわけ絶品なのは、塩風味の「合鴨づくし親子丼」。塩ダレが肉と卵の双方の旨みをしっかりと引き立て、さっぱりとしていながらもコクのある味わいに仕上がっている。

合鴨づくし親子丼 1000円

↑弁当やお持ち帰り用の鍋セットも用意

☎03-3542-7016

↑肉質、脂質ともに最高級の岩手鴨を使用。塩ダレ、醤油ベースの割り下が用意され、さらにご飯に魚粉を混ぜて炊いた「合鴨づくし親子丼・しお親子丼2号」というメニューもある。ほかに、鶏肉を使用した「親子丼しお」もおすすめだ

8号館

第1位

高はし《たかはし》

魚料理

プロが絶賛する魚料理の名店

産地はもちろん、漁法にもこだわって仕入れた魚を、刺身や煮付け、塩焼きなどにして供す魚料理の名店。価格は少し高めだが、食べてみると納得の旨さ。「品質がいいものしか仕入れない」と、看板メニューのあんこうですら、最も美味しくなる12月からしか扱わないというこだわりだ。オーダーが入ってから作る「きんき煮付」は、ふっくらと炊かれていて上品な味付け。魚の状態によって肝が付く場合も。魚好きがこよなく愛する店だ。

←料理の説明も丁寧。迷ったらオススメを注文。↓この日はマグロ赤身、ブリ、平目、えんがわ、ホタテの5種類

☎03-3541-1189

刺身盛り合わせ 1000円

※写真およびメニューの価格表記は2013年12月号に掲載した時のものです。2014年4月の消費税改定などに伴い、価格が変更されている場合があります。

1号館

第4位

茂助《もすけ》だんご

和菓子

午前中で品切れ必至
老舗の和菓子店

明治31年創業の和菓子屋。築地の土産品としても親しまれている、上品で優しい味わいの串だんごや、濃厚な黒蜜と噛み応えのある寒天が絶妙の「あんみつ」、花かつおの旨みがきいた澄まし汁の「ぞうに」など、扱う品はすべて手作り。ひとつひとつ丁寧に作られているのが実感できる老舗の味だ。午前中で売り切れになってしまうことも多いので、なるべく早めに足を運びたい。

醤油焼きだんご 140円
こしあんだんご 150円

↑串だんごは、こし餡、つぶ餡、醤油焼きの3種類。店内では「おしるこ」や「ぞうに」なども味わえる
←店頭でも販売しているのでお土産にもぴったり
☎03-3541-8730

8号館

第3位

和食《わしょく》かとう

魚料理

選りすぐった旬の魚を
さまざまな調理法で

その時期いちばん美味しい旬の魚を、刺身、塩焼き、煮付け、てり焼き、西京漬けといったさまざまな調理法で楽しませてくれる。常連客のなかには、味にうるさいプロの料理人も多いとか。定食の他にも、ビールや日本酒に合う一品料理も充実している。食事によし、昼酒にもよしの、実力派の食堂だ。厨房で働くお母さんの、アットホームなもてなしも好印象。

地金目鯛の煮付 1300円

↑ふっくらとした身は、脂ののりも抜群だ。煮汁は上品な味わい。プラス450円で、ご飯、味噌汁、小鉢がつく定食にもできる
←くつろいで食事を楽しめる雰囲気もいい
☎03-3547-6703

6号館

第6位

八千代《やちよ》

洋食

車海老のフライが自慢
サクッサクの食感を楽しんで

のれんには「とんかつ」とあるが、所狭しと壁に貼られたお品書きの多くは、車海老をはじめ、ホタテや穴子といった魚介のフライがずらり。ここでは生でも食べられる鮮度のいい魚介類を、粗めのパン粉をまぶしてカラッと揚げている。サクッサクの衣をまとった身は、ふっくらジューシー。分厚いチャーシューを半熟目玉焼きとあわせた「チャーシューエッグ定食」（曜日限定）も人気だ。

C定食 車海老・アジ・ホタテ 1300円

↑築地で仕入れた自慢の海老と肉厚のアジ、そして3センチはあろうかという大粒のホタテでこの値段。抜群のコスパだ
←風格を感じさせる入り口

☎03-3547-6762

8号館

第5位

大江戸《おおえど》

海鮮丼

丼を鮮やかに彩る
鮮度抜群の魚介たち

豊富な種類を揃える海鮮丼の店。店頭に飾られた丼物の写真の前には、いつもずらりと行列ができている。一番人気は、ウニ、いくら、サーモン、マグロ、卵焼きが入った「函館丼」。朝、仕入れるネタはどれも新鮮で、炊きたてでほんのり温かい酢飯とのバランスも絶妙だ。マグロ好きには、赤身、中落ち、中トロ、ねぎトロが盛り合わされた「まぐろ４点丼」がおすすめ。

函館丼 1900円

↑サーモンは大トロを使用。数量限定のため、なくなり次第終了に。ハマチやホタテなどのトッピングも多数。←英語メニューもあるので、外国人の利用も多い

☎03-3547-6727

※写真およびメニューの価格表記は2013年12月号に掲載した時のものです。2014年4月の消費税改定など

二ツ星の実力店

6号館

天房《てんふさ》 天ぷら

唯一の天ぷら専門店で豪快に天丼を食らう

魚介と野菜が8種ほどのる「天丼」はボリュームたっぷり。穴子一匹と芝エビが11～15尾入った「芝エビとあなごの天丼」も好評だ。ごま油とキャノーラ油で香ばしく揚げられた天ぷらは割り下にくぐらせていながらも、サクッとした食感。

→甘みをおさえたタレで味わいも軽やか。穴子の甘さが際立つ。☎03-3547-6766

芝エビとあなごの天丼 1400円

6号館

小田保《おだやす》 洋食

フライを筆頭に洋食メニューが揃う

ハンバーグ、ポークソテー、オムレツといった洋食メニューが勢揃い。中でもおすすめなのは、新鮮な魚介を使用し、高温のラードでサックリと香ばしく揚げられたフライ料理だ。河岸で働く食のプロも多く訪れる。

→ご飯と味噌汁が付いたセットはプラス300円。☎03-3541-9819

カキミックス 1400円

6号館

つきじ《つきじ》 丼匠《どんたく》 海鮮丼

「これでもか」と盛りに盛った贅沢海鮮

場内にある「岩佐寿し」の姉妹店。一番の売れ筋という「豪快丼」は、赤身、中トロ、ウニ、きびなご、さんま、いくらなどが、たっぷりのった逸品。他にも20種類ほどのネタが盛り合わされたゴージャスな「名物つきじ丼」もある。

→旬の魚介をたっぷりと味わいたい。季節によって丼のネタは変更する。☎03-3541-9408

豪快丼 1900円

6号館

たらどうふ 1050円

江戸川《えどがわ》 一品料理

酒から〆まで味わえる 一品料理&麺&丼の店

もつ煮込みや肉豆腐など、酒の肴になりそうな一品料理と、締めにもってこいの麺と丼物を揃える。ここ一軒で完結してしまう場内で貴重な店だ。味噌で煮込んだアサリを汁ごとご飯にかけた「深川丼」は、上品な味わいが嬉しい。

←昆布出汁に、たらと豆腐のみ。素材の旨みがシンプルに伝わる一品。☎03-3541-2167

8号館

自家製カレー 630円

岩田《いわた》 喫茶

ほっと落ち着ける 食事も充実の喫茶店

喫茶店だが、「自家製カレー」や「ホットサンド」など、食事のメニューが豊富。「煮込んで3日目がおいしい」とスタッフが話すカレーは、売り切れもあるので要注意。女性だけで切り盛りしていて、応対が丁寧なのも気持ちがいい。

←後から辛さがジワジワと増してくる、中辛のスパイシーな豚肉カレー。☎03-3541-2230

6号館

ハーフ&ハーフセット 1900円

福せん《ふくせん》 うなぎ・焼鳥

うなぎと鳥料理を 一緒に味わえる

うなぎと焼き鳥の専門店。うなぎは愛知県産のものを用い、ふっくらと焼き上げる。うなぎと焼き鳥のセットや、納豆とうなぎを合わせた「ヘルシーまぶし丼」など、ここでしか味わえないオリジナリティあふれるメニューに注目。

←得した気分になるうなぎ茶漬と焼き鳥丼のセット。茶漬けはだし汁で。☎03-3541-6969

 ※写真およびメニューの価格表記は2013年12月号に掲載した時のものです。2014年4月の消費税改定など

一ツ星の人気店

1号館

チャーシューメン 800円
←懐かしい味わいの醤油味
☎03-3542-0365

ふぢの ラーメン

約20種類の多彩なラーメンが大集合

シンプルならーめんをはじめ、ワンタンメン、味噌ラーメン、タンメン、もやしそば、五目そば、ねぎ塩そば、酸辣麺、ジャージャー麺など、バラエティに富んだ麺が揃う。海老がのったシュウマイも名物のひとつだ。

1号館

ホタテバター焼ライス 800円
←ご飯と味噌汁が付く。単品は100円引き
☎03-3541-9910

禄明軒《ろくめいけん》 洋食

ひと皿で大満足の町の洋食屋さん

絵画が飾られたシックな店内。しかし、出てくる料理は、草鞋《わらじ》のような特大ハンバーグや大粒ホタテが４粒入ったホタテバター焼きなど、ボリューム満点のがっつりメシ。しかもすべてリーズナブルでコスパの良さを実感。

1号館

ズワイ蟹のカルボナーラ 1500円
↘一番人気のパスタ。一年中注文可
☎03-5565-3737

トミーナ《とみーな》 イタリアン

魚河岸ならではのパスタ&ピザ

場内唯一のイタリアン。秋刀魚やポルチーニなど、旬の食材で作るパスタと、マルゲリータやゴルゴンゾーラといった定番ピザがウリ。すべての品にサラダと食後のドリンクが付く。ピザの注文受付はおおむね11時頃から。

1号館

オムハヤシライス 1050円
↖玉子がふわっふわでクセになる味わい
☎03-3541-9062

豊《とよ》ちゃん《ちゃん》 洋食

根強いファンを持つ老舗の洋食店

カツ丼、カツカレー、オムハヤシが人気ベスト3。ちょっと濃いめの甘い味付けが特徴で、カツ丼の具とご飯を別盛りにしたユニークな「あたまライス」も、名物メニューのひとつだ。セットの他、単品料理も多い。

魚の目利きが選んだ絶品料理を堪能する

今回は「魚がし横丁」にある寿司以外の食堂を、すべて網羅するという覆面調査。食べてみると、海鮮丼から天ぷら、うなぎ、洋食、喫茶、スイーツまでバラエティに富んでいて、場内の奥の深さをつくづく感じた。連日、場内に通い詰めたのは、私、**ライター名須川ミサコ**（以下**名**）と**編集香山光**さん（以下**香**）。

では、数あるなかでも、「これは！」とオススメできる店をご紹介します。

海鮮を扱う店のなかで、旨さが際立っていたのは『**高はし**』。何を注文したらいいか迷っていると、店主がお品書きの魚についてこと細かに説明してくれた。

香「あれには圧倒されましたね。どこでどのようにして獲られた魚で、今なぜこれが美味しいのかを熱く語ってくれて」

名「本当に(笑)。実は以前、この店を取材したことがあるのですが、店で提供する魚の合格ラインがとても厳しい。目利きがスゴイわけです。

10号館

磯野家

総合食堂

メニューは和洋中と盛りだくさん。魚介を中心とした日替わりの定食も豊富だ。テーブル席も多く配しているため、グループ客も多い。１階の寿司店の注文も受け付けている。

↑「ホタテと青菜のうまに焼そば」（945円）

☎03-3541-7953

10号館

富士見屋

蕎麦

場内でただ１軒の日本蕎麦屋。喉ごしがよく、コシのある蕎麦で、カツオ出汁をきかせたツユとの相性も抜群だ。鴨肉をつかった蕎麦の他にも「ホタテ丼」も人気を集めている。

↑大粒のホタテを卵でとじた「ホタテ丼」（950円）

☎03-3547-6761

8号館

やじ満《ま》

中華

豊富に揃う麺類の中でも、秋から春先にかけての限定メニュー「カキらーめん」のファン多数。他にも、手作り感あふれる「ジャンボ焼売」は、素朴で懐かしい味わいが嬉しい。

↑牡蠣がゴロゴロ入った塩味の「カキらーめん」（1050円）

☎03-3541-0729

 ※写真およびメニューの価格表記は2013年12月号に掲載した時のものです。2014年4月の消費税改定など

それらの厳選された魚を、料亭での修行経験もある3代目が調理する。そりゃあ、美味しくないわけがありません。「きんき煮付」なんて、涙ものの美味しさでした。これなら少々高くても食べに行こうと思っちゃいます」

　看板メニューの「あんこう」は、今の時期はまだ合格ラインに達しておらず、例年12月くらいからメニューにのぼるそう。

「高はし」と双璧をなす魚料理の店が、『**和食かとう**』。定食メニューが豊富で、旬の魚を、刺身、焼き魚、煮魚、西京漬けなど、さまざまな料理法で出してくれる。

名『地金目鯛の煮付』は、注文を受けてから作るんでしょうね。『頭と尾のどちらがいい?』と訊かれたあと、だいぶ経ってから運ばれてきましたが、身がとろけるほど柔らかく、甘辛い味付けも絶妙でした。日本酒がますます進んじゃって」

　店舗の移り変わりがほとんどない場内で、2010年にオープンした、もっとも新しい店舗が鳥料理の『**鳥藤 場内店**』。親子丼と鳥めしが店の看板メニューだ。

香「僕のオススメは割り下に塩ダレを使った『合鴨づくし親子丼』。塩風味なのに、逆に、肉と玉子の甘みが感じられて驚きました。玉子がもう少しふんわりしてたらパーフェクトなんですけどねぇ」

名「岩手産の合鴨は、野趣溢れる独特の風味がいいですね。弾力があり、噛むほどに旨みが増してきます。鶏肉卸業者が営んでいるからでしょうか、肉質も鮮度も普通の店とは違うように感じました」

　鳥取県の大山鶏《だいせんどり》を使用した『水炊き』も人気のメニュー。

香「鶏からいい出汁が出ていて、スープが美味しいのなんの。あっさり塩味で胃にも優しい感じ。骨付きぶつ切り肉と、つみれがたくさん入り、ご飯も付いて850円は絶対〝買い〟です」

　3軒ある海鮮丼専門店でクオリティの高かったのが『**大江戸**』。

名「『朝、セリで落としたマグロだよ』との呼び声に惹かれて入店したものの、丼の種類の多さに目が回ってしまいました(笑)」

　なんとか注文を決めた「函館丼」と「まぐろ4点丼」は鮮度が良く、さらには、まろやかな酸味のシャリとの相性もグッド。

　さて、場内にはフライの『**八千代**』や『**小田保**』、天ぷらの『**天房**』など揚げ物の店がある。どれもレベルが高い人気店だ。

名「どの店も美味しいですが、『八千代』は天然活き海老を揚げた、皿からはみ出すほどの『大車海老フライ定食』（４２００円）という看板メニューがあるのが強み。身はプリップリと弾力があり、頭にはミソも。価格は高いですが、これを目当てに来る価値は十分あると思います」

最後は『**茂助だんご**』。

名「食堂部門で和菓子が三ツ星を獲るとは、私自身もびっくり。でも、どれを食べても素材を活かした上品な甘さで、サービスもよかった」

香「ここの団子は料理人の旦那衆もお土産に使っているとか。料理人のお墨付きとあれば、やはり実力店に間違いなしです。実は僕がいちばん気に入ったのは、澄まし汁にこんがり焼いた餅が入った『ぞうに』。ふわっと漂うかつお風味の出汁が香り高く、何とも言われぬ幸せな気持ちにさせてくれます」

ボリューム満点でガッツリ飯が多い場内食堂。種類も豊富で、魅力的な店が満載です！

その他一ツ星の人気店

1号館 吉野家《よしのや》 牛丼

言わずと知れた、吉野家の1号店で、全国からファンが集い、昼時は平日でも行列している。トロダク、ネギダクなどのツウ好みの注文にも応じてくれる。

6号館 愛養《あいよう》 喫茶店

昭和の風情あふれる店内は、河岸で働く人々の憩いの場。毎日足を運ぶ常連客も多い。コーヒーやジュースと共に、トーストなどの軽食を楽しみたい。

8号館 米花《よねはな》 うなぎ

重箱からはみ出さんばかりの、大振りの蒲焼きをのせた「うな重」がイチオシ。新鮮なウナギを使用し、ふっくらとした口当たりが特徴だ。他に海鮮丼などもメニューに並ぶ。

1号館 中栄《なかえい》 カレー

大正元年に創業した老舗。皿にはキャベツの千切りが盛られていて、カレーにからめて食すのが、この店のスタイル。シャキシャキの食感がアクセントに。

8号館 仲家《なかや》 海鮮丼

入り口に「場内の魚屋が実家」という貼り紙にあるように、新鮮で質の良い魚介を使った、海鮮丼の専門店。種類は非常に豊富で、目移りしてしまうほど。

1号館 木村家《きむらや》 喫茶店

店頭で、菓子パンや自家製のサンドイッチ、ジュースなどを販売している。たっぷりの餡がつめこまれたアンパンは、お土産にもうってつけ。イートインも可能。

8号館 センリ軒《けん》 喫茶店

まろやかでコクのある「半熟卵入りクリームシチュー」や、柔らかに揚げられた「ひれかつサンド」が特に人気。デザート類も充実しているので、コーヒーと共に味わいたい。

※写真およびメニューの価格表記は2013年12月号に掲載した時のものです。2014年4月の消費税改定など

築地市場がもっともっと楽しくなる
場内お役立ち情報

マグロのセリの見学は１日に最大１２０人

本来、築地市場は観光施設ではないが、早朝のマグロのセリは一部見学ができる。しかし、一時は見学に殺到した外国人観光客などによるマナー違反が問題となり、マグロの運搬に支障が出たことや安全面の確保ができないことなどから、見学エリアを臨時に閉鎖したこともあった。現在は入場者数を制限するなどして再開されている。

築地市場によると、現在の見学は１日最大で約１２０人。希望者は勝どき門入り口横の「おさかな普及センター」１階で、午前３時半頃から先着順に受け付け、約60人ずつ、前半（午前５時25分～５時50分）と後半（午前５時50分～６時15分）の２回に分けて、セリ場に設けられたスペースで見学できる。

「日によっては大勢の人が詰め掛けることもあるため、時間よりも早く受け付けを開始することもあります。特に夏休み時期の土曜日などは、受付時刻よりも前に定員オーバーとなり、入れないこともありました。入場できなかった人が、セリの様子を見ようとセリ場近くに立ち入ることがあり、そうするとトラブルの原因にもなるので、見学する方もきちんとルールを守ってほしいですね」（築地市場管理課）

なお、年末年始など業務繁忙期は、見学エリアを閉鎖する期間もある。

あくまでも、市場はプロが取引をする場所。見学に訪れるときはルールを守って行動しよう。

早朝のセリの見学のほか、隣接する仲卸売場など場内の一部は午前９時から一般客も少人数なら自由に見学できる。とはいえ仲卸売場は料理人などのプロの買出人が食材を仕入れる場なので、くれぐれも邪魔にならないように。また、敷地内は走り回るターレやトラックなどで混雑しているため、事故にも気を付けることが必要だ。こうした主なルールの案内は、日本語だけでなく英語や中国語など計5ヵ国語のチラシが用意されている。

市場ガイドとランチがセットになったツアー

市場見学は、NPO法人ゴールデンアカデミーが運営する「築地魚河岸ガイドツアー」などでも体験できる。同法人のホームページによると、築地市場を知りつくした専門のガイドが場内・場外を案内し、食材の買い物も可能なツアー「築地市場見学コース」（昼食付・日本語ガイド・1人6800円）や、場内・場外の見学と、にぎり寿司講習がセットになった、「江戸前握りすし体験 築地見学コース」（昼食付・日本語ガイド・1人9700円）などがあるようだ（年末年始や、市場が休みとなる休市日はツアーの休止あり）。

場内の一角にあり、約140軒もの飲食店や物販店が並んでいるのが「魚がし横丁」。市場関係者が使う飲食店は、旨くて安いところが揃っている。一般客も利用でき、新鮮なネタの寿司や海鮮丼がお値打ち価格で食べられるとあって、早朝から行列している店も多い。カレーや牛丼など和洋食の店もあり、横丁を歩くだけでも楽しい。ただし、どの店も狭いスペースしかないので、行列に並ぶときは隣の店の前に並ばないようにするなど注意しよう。

①場内のマグロのセリ見学は見学者スペースだけに限られている。現在は先着120人で、2班に分かれて見学する。②ズラリと並んだ巨大なマグロは圧巻。③場外にある総合案内所の「ぷらっと築地」。周辺の観光の案内をはじめ、オリジナルグッズも販売。休憩スペースも設置されている

 ※この記事は「おとなの週末」2011年1月号に掲載されたものを、2014年5月時点の最新情報

知っておけば困らない
場内の歩き方

土曜日は集団だと入店できないことも

編集M（以下M）とライター菜々山いく子（以下菜）が、場内取材をふり返ります。

M「じつは場内に足を踏み入れたのは今回が初めてで、最初はかなり戸惑いました」

菜「どこから入ればいいのか、分かりにくいですよね」

M「そう、入口らしきものはあるんだけど、『ここ関係者専用じゃないの？』と」

菜「一般客専用の出入口はないんですよ。場内に入っても『魚がし横丁』への看板や丁寧な案内図はないから、人によっては右往左往するかも。あらかじめ大まかな位置を覚えてから出かけることをおすすめします」

場内で頻繁に見かける荷物を運搬するための車両、ターレット・トラック（通称ターレ）

M「では、場内に入ってまず気をつけるべきことは？」

菜「やはり、場内の主役はそこで働いている人たち。観光地化しているとはいえ、本来は市場であるということを忘れてはいけません。運搬車両の邪魔にならないように道の通行に気を配るなど、一定の配慮が必要です」

M「ああ、ターレ（左上写真）ですね。僕、ぼーっと歩いていて、ぶつかりそうになったことがありました」

菜「走行音が静かなので気づきにくいんですよね」

M「縦横無尽に小回りが利くから、狭い道にも入ってこられるんです。歩行者は注意が必要です」

菜「そうそう、『魚がし横丁』の飲食店でも、築地市場ならではの、独特のルールがありました」

M「大きな荷物を持ち込めない旨の張り紙をしている店も結構目立ちましたね」

菜「どの店も狭いから仕方ないですね。利用したことはありませんが、6号館に『手荷物預り所』がありますよ。でも、営業時間が14時までなので、もし食事の後に周辺を散策するなら、駅前や場外にあるコインロッカーのほうが便利かもしれませんけど」

M「あと、土曜日によく見かけたのが、入店を断られている家族連れや団体客です」

菜「平日ならまだしも、混雑する土曜に4人以上で入るのは、ほとんどの店でかなり厳しいかも」

M「やはりふたりがベスト。ぎりぎり3人まででしょう」

菜「面倒なこともありますが、場内にはいい店が多いので、ぜひ足を運んでいただきたいですね」

※この記事は「おとなの週末」2012年12月号に掲載されたものを再録しました

日本一の市場の美味をご家庭でどうぞ

すぐに注文できます！

築地の味をお取り寄せ

首都圏という巨大な〝胃袋〟を日々支えている築地市場。
名うての目利きたちによる垂涎の品々の取扱いが、
「おとなの週末　お取り寄せ倶楽部」で実現しました！

寿司屋の看板商品だけに、仕入れるマグロの目利きに気を遣うという大野社長

伊勢平《いせへい》

天然インドマグロの濃厚な味わいに感激！

旬の、質のよいマグロにこだわる仲卸店。築地場内の「魚がし横丁」でも人気の「大和《だいわ》寿司」は、この店の本マグロを使っている。今回はお取り寄せ用に、天然インドマグロのトロ短冊を用意。「脂のノリがよくて酢飯と合うので、寿司屋や料亭で人気があるんですよ」（大野正社長）という、太鼓判の一品だ。200gでおよそ３人分。商品到着後は、強めの塩水に15分ほどつけて表面を解凍し、真水で流してキッチンペーパーに巻き、冷蔵庫で１～２時間解凍すれば食べごろになる。

注文方法

お電話で■ **0120-963-120** **インターネットから■**パソコンで検索してください おとなの週末 検索

携帯から■ご注文の場合は、掲載した商品にある**QRコードを読み取って**アクセスしてください

試食しました!

醤油にちょっとつけるだけで、醤油の表 面にパッと脂が広がる。口に入れると深い旨みでインパクト大。日本酒でじっくりと楽しみました。

脂のノリ、赤身の色、そして旨み。とろけるような食感がたまらない

天然インドマグロ トロ短冊

5040円 ■商品番号:8100241

■配送方法／冷凍配送　■保存の目安／商品到着後、冷凍で約1週間

掲載商品はすべて「おとなの週末 お取り寄せ倶楽部」で、ご購入いただけます。

※価格はすべて税･送料込

 ※本誌で紹介している「お取り寄せ商品」の情報は、2014年6月時点のものです。商品によっ

「ボタンエビは流水で解凍してください」と、山田健専務

佃熊《つくくま》

人気魚介のてんこ盛りセット

エビ、カニ、イクラ、マグロの専門仲卸店。こだわりの商品を安く揃えている。お取り寄せは、エビを傷つけずに〝かご漁〟で獲った、身のしっかりしたボタンエビと、旬である6月に収獲し瞬間冷凍された北海道産の身の締まったホタテに、口の中で旨みが弾ける大粒のイクラ醤油漬けのセット。イクラは冷蔵庫で解凍を。ホタテは必要なぶんだけ取り出し、乾燥しないようラップをかけて冷蔵庫で解凍するのがおすすめだ。

試食しました！

ホタテの刺身は、プルンとした歯ごたえで、新鮮そのもの。バター焼きも試しましたが、ホタテの旨みが十分に堪能できて感動モノでした！

たっぷりと卵を抱え身の詰まった大きなボタンエビと、味付け控えめの醤油漬けイクラが、それぞれ500g。ホタテは1kgと、どれもボリュームたっぷり。バター焼きや中華、洋食の具材としても重宝する。冷凍ものながら、どれも刺身でいただける

ボタンエビ&ホタテ&イクラ醤油漬けセット

1万1830円 ■商品番号:8100240

■配送方法／冷凍配送　■保存の目安／商品到着後、冷凍で約1ヵ月

掲載商品はすべて「おとなの週末 お取り寄せ倶楽部」で、ご購入いただけます。

※価格はすべて税・送料込

※本誌で紹介している「お取り寄せ商品」の情報は、2014年6月時点のものです。商品によっ

サービス精神旺盛な佐々木博樹営業部長

銀茂《ぎんしげ》

北海道から紀州、博多まで魚河岸人気商品の3セット豪華版

築地の海産物をプロの目利きで厳選。今回は魚河岸の人気商品をセットにした。刺身で食べられる天然の北海道産ホタテ1kgに真イカの塩辛や森町のイカ飯を加えた〝北海道満足セット〟は、贈り物にも最適。粒がしっかりとした甘みのある辛子明太子1kgに、パック詰めされたカレイ、金目鯛、銀鮭の西京漬けセットは大家族でも食べ応え十分。塩分控えめの〝紀州産しらす干し〟に、一夜干しの塩紅鮭、カツオのたたきがついたセットもあり、選ぶのもまた楽しい。

ては、品切れによる販売中止や、市況の変化による価格変更の場合があります。

ジワリと込み上げる辛さがやみつきになる明太子が1kg。西京漬けの味噌は甘めで、カレイや金目鯛、銀鮭が各2切れ

博多明太子・西京漬けセット

6900円 ■商品番号:8100260

■配送方法／冷凍配送
■保存の目安／商品到着後、冷凍で約30日

試食しました!

ピリ辛の明太子は白いご飯のほか、パスタやピザにも相性抜群。西京漬けは軽めの味付けで、魚本来の旨みがたっぷり。

甘塩のシラスは鮮度がよく、身もしっかり。天然鮭の一夜干し、三杯酢が付いたカツオのたたきはご飯にぴったり

紀州産しらす干し・塩紅鮭一夜干し・かつおたたきセット

4500円 ■商品番号:8100261

■配送方法／冷凍配送
■保存の目安／商品到着後、冷凍で約30日

試食しました!

非常に薄味で仕上げられたシラスは風味がしっかり。カツオのたたきも身がツヤツヤして鮮度がいい。

刺身でもいただける肉厚のホタテがたっぷり1kg。長期熟成されたイカの塩辛と甘辛のイカ飯も付いたセット

北海道満足セット

5900円 ■商品番号:8100262

■配送方法／冷凍配送
■保存の目安／商品到着後、冷凍で約30日

試食しました!

ホタテをバター焼きで。身の繊維質がしっかりとしてプリっとした食感。ひと噛みごとに甘みがあふれてきました。

掲載商品はすべて「おとなの週末 お取り寄せ倶楽部」で、ご購入いただけます。

※価格はすべて税・送料込

 ※本誌で紹介している「お取り寄せ商品」の情報は、2014年6月時点のものです。商品によっ

刀のような鮪包丁を使ってマグロを切り分ける片山専務

米彦《こめひこ》

至高の味わい！　国産の天然生本マグロ

国産の天然生本マグロにこだわるマグロの専門卸。大手百貨店や有名寿司店の数々からも、〝マグロの専門仲卸〟として絶対的な信頼を得ている。「夏場にかけては、流通するマグロの95％が養殖物や輸入物になってしまうんです。そのなかでも、近海で揚がった数少ない上質な天然物の国産生本マグロを厳選して提供します」（片山秀和専務）と、今回は国産生本マグロ１kgのブロックを用意してくれる。スッキリとした赤身と旨みが味わえる、価値ある一品だ。

注文方法　**お電話で■** ☎0120-963-120　**インターネットから■**パソコンで検索してください　おとなの週末　検索
携帯から■ご注文の場合は、掲載した商品にある**QRコードを読み取って**アクセスしてください

透明感のある赤身と、下側の皮に近い部位の脂がグラデーションを描くブロック。切り分ける部位によって、微妙に味わいが違ってくる。4人で食べても十分なボリュームだ。キッチンペーパーで包み、ラップかビニール袋に入れて冷蔵するのがおすすめ

試食しました!

きめ細やかな身質。口に入れると、爽やかな酸味が広がり、さらにマグロ特有の旨みが追いかけてくる。少人数のパーティーなどにうってつけだと思います。

国産 生本マグロ

9160円■商品番号:8100243

■配送方法／冷蔵配送　■保存の目安／商品到着後、3日以内

掲載商品はすべて「おとなの週末 お取り寄せ倶楽部」で、ご購入いただけます。

※価格はすべて税・送料込

 ※本誌で紹介している「お取り寄せ商品」の情報は、2014年6月時点のものです。商品によっ

色とりどりの魚介が並ぶ、山忠の店頭。居酒屋や割烹店の料理人からの注文への対応に忙しい山崎雅店長

山忠《やまちゅう》

老舗仲卸店によるこだわり干物の格安セット

元禄２年創業の、干物の専門店。〝光脂《こうし》〟と名付けた「脂質が高く、身のふっくらした魚介を軽く低塩で干した干物」（山崎雅《まさし》社長）を厳選して取り揃える。お取り寄せ用として、お得な『お試しセット』（干物７枚）と『贅沢セット』（干物10枚）の２セットを用意。「干物は自然解凍して水気を取った後、皮と肉の間の旨みが逃げないよう、皮を焦がさない程度に、身と皮目を８対２の割合で焼くのがコツです」（山崎社長）。

注文方法
お電話で■ 0120-963-120　**インターネットから■**パソコンで検索してください　おとなの週末　検索
携帯から■ご注文の場合は、掲載した商品にある**QRコードを読み取って**アクセスしてください

試食しました!

ツボダイは、厚みもあり、たっぷり脂がのってジューシーでした。それでいてあっさりとした味わいで、ぜひまた食べたい。

北海道産の真ホッケや、長崎産の真カマスにアジ2枚。アラスカ産のキンキや宮城産ツボダイ2枚の計7枚が入る

光脂《こうし》の干物〈お試しセット〉

5040円 ■商品番号:8100238

■配送方法/冷凍配送 ■保存の目安/冷凍で約1ヵ月、冷蔵で約5日

試食しました!

八戸ブランドの銀サバは、しっとりと脂がのり、ほどよい塩加減。噛みしめると旨みがこみ上げてくるような味わいです。

北海道産の真ホッケ、八戸産の銀サバ、長崎産のアジ、エボダイに宮城県産のカサゴがそれぞれ2枚ずつ入る豪華版

光脂《こうし》の干物〈贅沢セット〉

8020円 ■商品番号:8100239

■配送方法/冷凍配送 ■保存の目安/冷凍で約1ヵ月、冷蔵で約5日

掲載商品はすべて「おとなの週末 お取り寄せ倶楽部」で、ご購入いただけます。
※価格はすべて税・送料込

 ※本誌で紹介している「お取り寄せ商品」の情報は、2014年6月時点のものです。商品によっ

味のいいミンクとイワシクジラの美味しい食べ方も提案してくれる、店長の安藤尊章さん

東研《とうけん》

稀少なミンククジラを刺身やステーキでいただく

国内の水産市場に出回るクジラの７割を取り扱う、日本最大の鯨仲卸。３月末、南極海での調査捕鯨が中止され、今後、この周辺で捕獲されていたミンククジラの入手は困難になってしまった。今回は、鯨肉のなかでも人気の高いミンククジラの刺身とイワシクジラの刺身（Aセットは各300g、Bセットは各500g）に、脂が豊富なミンクの「尾の身風」（ステーキ・タタキ用）250gをつけた貴重なセットを２種類用意。売り切れ仕舞いで提供される。

※写真はBセット

試食しました!

ミンククジラは、ごま油に塩を振って刺身で。牛のレバ刺しのような食感で、酒の肴に最適でした。イワシクジラは、生姜醤油であっさりと食べられる一品。尾の身風ステーキは、溶けるような柔らかさ。ぜひバター醤油で。

①弾力があり、ねっとりとした舌触りとクセのない味の濃さが人気のミンククジラ。今後は入手困難。②美しい赤身のイワシクジラ。あっさりとした味わいでクセが少ない。③「ミンククジラ尾の身風」。極上の牛ヒレ肉のような食感で、焼肉のタレにもよく合う。表面を炙ってタタキにしても美味

鯨専門卸「東研」の鯨Aセット

5240円 ■商品番号:8100263

鯨専門卸「東研」の鯨Bセット

6960円 ■商品番号:8100264

■配送方法/冷蔵配送　■保存の目安/商品到着後、冷蔵で4日。生肉は、ラップかビニール袋に入れて保存する。※発送前に店舗から在宅確認の電話連絡あり

掲載商品はすべて「おとなの週末 お取り寄せ倶楽部」で、ご購入いただけます。
※価格はすべて税・送料込

※本誌で紹介している「お取り寄せ商品」の情報は、2014年6月時点のものです。商品によっ

築地場外市場にある「魚がし北田　築地店」の西川里絵子店長

魚がし北田《うおがしきただ》

自慢の北海道産イクラ醤油漬けとこだわりの無着色辛子明太子

鮭と魚卵の専門店として知られる「魚がし北田」のお取り寄せ。今回は、福岡の地酒やゆずコショウなど、タラコを漬ける調味液にこだわった、「無着色辛子明太子（切子)」を用意。しっかりした粒のさらりとした舌触りとともに、口の中で広がるコクのある旨みとピリッとした辛みがたまらない。北海道でとれるさけからとりだされるイクラも、歯舞《はぼまい》の昆布醤油との相性が抜群で、あとを引く美味しさ。ボリュームもあり、自宅用としても贈答用としても使い勝手のいい、人気商品だ。

注文方法

お電話で■ 0120-963-120　**インターネットから■**パソコンで検索してください　おとなの週末　検索

携帯から■ご注文の場合は、掲載した商品にある**QRコードを読み取って**アクセスしてください

試食しました!

500gもあって、ボリュームたっぷり。ご飯に山盛りにのせるだけで、贅沢なイクラ丼の出来上がり!

北海道の道東で揚がる鮭から採れるイクラを歯舞の昆布醤油で漬け込んだ、海鮮の風味豊かな一品。薄めの味付けで、イクラ本来の旨みが堪能できる

北海道のいくら醤油漬

6480円 ■商品番号:8100265

■配送方法／冷凍配送　■保存の目安／解凍後、冷蔵で4日

試食しました!

ほどよい辛さで、ご飯がすすみます。ほんの少し焼いて食べても、香ばしくてたいへん美味でした。

福岡の地酒や数種類の唐辛子、ゆずゴショウや昆布をたっぷり使った調味液に漬けこんだ。コクのある旨みがたまらない

無着色辛子明太子(切子)

4970円 ■商品番号:8100266

■配送方法／冷凍配送　■保存の目安／解凍後、冷蔵で14日

掲載商品はすべて「おとなの週末 お取り寄せ倶楽部」で、ご購入いただけます。

※価格はすべて税・送料込

 ※本誌で紹介している「お取り寄せ商品」の情報は、2014年6月時点のものです。商品によっ

すべて実際に試食して、
美味しかったものだけをご紹介

おとなの週末 お取り寄せ倶楽部のご案内

「おとなの週末 お取り寄せ倶楽部」では、
毎月試食会を開催して、全国各地のお取り寄せを厳しく審査。
合格した商品だけを皆様にご紹介しています。
築地をはじめとする海の幸はもちろん、
肉、スイーツ、お酒、B級グルメにいたるまで、
すべて「おとなの週末」編集部が自信をもっておすすめするものばかり。
贈り物に、ご自宅用に、ぜひご活用ください。

インターネット

http://www.otoshu.com

またはパソコンで検索

おとなの週末 検索

これらすべての美味がご自宅に届きます

築地に住む人、働く人々に愛され続けている店

築地市場周辺の名店

築地市場近くで店を構えるということは、ある意味、築地市場を向こうに回して商売することかもしれません。舌の肥えた客に満足できるものを提供できる、それは取りも直さず実力の証。ここからは〝地元〟築地の人々に認められてきた名店をご紹介します。

山盛り雲丹焼おにぎり 750円

ばらくーだグラタン 1050円

1.生ウニがどっさりのった焼きおにぎりは、締めの定番。タレの香ばしさとウニの濃厚な甘みが合う　2.ホタテやホッキ貝など旬の魚介類が入ったグラタン　3.気軽に入れる店構えのばらくーだ店。バラクーダとはカマスのこと

じげ ばらくーだてん

串ige ばらくーだ店

串焼きやマグロの中落ちが旨くて安い

☎ 03-3549-1760

毎日仕入れる生の天然マグロの中落ちを骨のままダイナミックに提供する「鮪中落ち」（１人前1200円～）が名物メニュー。スプーンの替わりにハマグリの貝殻を使って自分で身を取る作業も楽しく、濃厚な旨みの中落ちがたっぷりすくえたときは、思わず笑顔になる。炭火で香ばしく焼いた「鮪かま炭焼き」（850円～）など豪快メニューが多く、大山地鶏を使った串焼きも評判だ。近くに本店もある。

東京都中央区築地2-14-11サイエスタビル南館1階／営11時半～14時(13時半L.O.)、17時～23時(22時L.O.)／休土、日、祝／席カウンター12席、テーブル4席×6卓、6席×3卓　計54席／禁煙席なし／カード可／予できる／サ夜のみサ3%、夜のみお通し300円別／交地下鉄日比谷線築地駅2番出口から徒歩2分

その他のメニュー

- 大山地鶏炭火焼親子丼850円、煮付けセット850円
- ビール:生550円～　焼酎:グラス380円～　ワイン:グラス600円～、ボトル2800円～　日本酒:1合850円～

海鮮炭火焼き
3人前2700円

ソフトシェルシュリンプと
具だくさんのアヒージョ1598円

1.そのまま刺身でも食べられる、新鮮なホタテ、ホッキ貝、ツブ貝、水ダコ、マグロホホを炙っていただく　2.ホタテやツブ貝、2種類のエビ、カキや野菜がぎっしり。自家製アンチョビやニンニクで風味づけしたオリーブオイルを使う　3.人気店なので予約がおすすめ

じげ つきじてん

Jige 築地店

豪快なマグロと炭火焼き

03-3248-6332

ほとんどの客が注文するという「鮪中落ち」（1人前1620円～）は、その迫力に誰もが歓声を上げる。身を削り取って堪能したら、残りは、なめろう、ユッケ、鉄火巻にしてもらうこともできる。最高級マグロの部位を独自ルートで仕入れており、備長炭で焼く「鮪かま焼」（1620円～）や「鮪スペアリブ」（1620円～）ほか、豊富な海鮮が楽しめる。

東京都中央区築地2-14-3 NIT築地ビル／営11時半～14時(13時半L.O.)、17時～23時(22時L.O.)／休日、祝／席〈1階〉カウンター8席、テーブル4席×6卓　〈地下1階〉カウンター6席、小上がり4席×3卓、11席×1卓　計61席／禁煙席なし／夜のみカード可／予夜のみ予約できる／サ夜のみサ5%、お通し代530円別／交地下鉄日比谷線築地駅2番出口から徒歩1分

その他のメニュー

- 生鮪カマ炭火焼1080円
- 鮪かぶと焼（半割、要予約）2700円～
- ビール：生中734円
- 焼酎：グラス756円～
- ワイン：グラス702円
- 日本酒：1合1026円～

Jige 築地店

鮪中落ち 1人前1620円～

身の付き方やマグロの種類などによって値段が変わる。写真は本マグロ。骨の間の身をハマグリの貝殻でそぎ取ると、旨みがあふれる中落ちがごっそり。そのまま食べるのに飽きたら、サービスでユッケ風などにしてくれる

特選生ハム、
サラミ、コットの
全種盛り合わせ
2786円

1

プーリア州産超クリーミーな
フレッシュチーズ〝ブラータ〟
（ハーフ）630円

2

3

1.風味が異なる生ハム、サラミ、コット（加熱ハム）を食べ比べたい　2.生ハムとともにいただきたい爽やかなチーズ　3.生ハムを軽くつまみながらワインを楽しむといった、気軽な利用もOK

ぴぐれっと

Piglet

しなやかな生ハムが舌の上でとろける

03-6264-0753

店主の石内宏史さんが、イタリア現地の生ハムとワインの会社で働いた経験を生かし、2013年にオープン。14ヵ月以上熟成させた「サンダニエーレプロシュット」(987円～)など、絶品の生ハムやサラミが全9種味わえる。肉料理やパスタ、ピッツァも本格的で、毎月季節の新メニューが登場。直接仕入れるイタリアワインも充実の品揃えだ。

東京都中央区築地3-10-8アクティオ築地1階／営 17時～23時半（23時L.O.）／休 日、祝／席 カウンター3席、テーブル2席×6卓、4席×2卓　計23席／全席禁煙／カード可／予 できる／サ なし、お通し代300円別／交 地下鉄日比谷線築地駅1番出口から徒歩1分

その他のメニュー

白レバーのムース588円、プロシュート〝4種生ハム〟の盛り合わせ2047円、特製ラザニア934円

ビール：生グラス525円　ワイン：グラス525円～、ボトル2625円～

ゴボウと巨峰をパルマ産生ハムと
豚バラ肉で巻いたサルティンボッカ
特製マッシュポテトとバルサミコソースがけ 798円

食材の組み合わせが新しい、こっくりとした味つけ

20種類の彩、
季節野菜のパレット
1900円

1

ホロホロ鳥の骨付きロースト香草香る
じゃがいものロティ添え 2000円

2

1.旬の野菜が美しいアートのような一皿。トリュフと白バルサミコソースも美味　2.ハーブで香り付けして焼いたホロホロ鳥は、セップ茸（ポルチーニ茸）などを使った奥行きのあるソースでいただく

ら･ゔぃんにゅ･あ･たーぶる

ラ・ヴィンニュ・ア・ターブル

250種類のワインが併設のカーヴに揃う

ワインの輸入会社が経営するフレンチの店で、2011年にオープン。併設のカーヴ（貯蔵庫）にはフランスから買い付けた約250種のワインが並び、小売販売も行う。店内では小売価格プラス1000円で味わえるのも嬉しい。フランスで学んだシェフの料理は、手間暇かけた素材の仕込みから繊細なソース作りまで、徹底的にこだわる。気取らない店で、本物のワインと料理を堪能したい。

☎ 03-3248-0481

東京都中央区築地4-4-5／営11時半～14時、17時～23時（フード21時半L.O.、ドリンク22時半L.O.）／休日、祝／席計24席／全席禁煙／カード可／予できる／サなし／交地下鉄日比谷線東銀座駅6番出口から徒歩6分

その他のメニュー

- パスタランチ1000円、今週のランチ1200円
- コース料理5000円～
- ビール：800円　ワイン：グラス450円～、ボトル2566円～（小売は1566円～）

ジビエ鴨のサンチュベール風 3000円※冬期限定メニュー

鴨の腕肉、胸肉のほか、砂肝、心臓などすべての部位を使う。骨でダシを取って数種類の酒を加えて作るソースは絶品

1.ⓐ手打ちそば、ⓑさらしなそば、ⓒ季節の変わりそば（写真は紫蘇切り）が一度に味わえる。汁には、2週間寝かしたかえしを使用　2.砕いたそばの実の衣をまとった鶏のささみ　3.明治32年創業。座敷席も充実し、ゆっくりと酒や食事が堪能できる

つきじ さらしなのさと

築地 さらしなの里

毎月季節を感じる変わりそば

03-3541-7343

「蕎麦でも四季を感じて欲しい」という思いから、「季節の変わりそば」(864円)を提供。９月は青柚子、10月は胡麻などの月替わりに加え、冬至にはかぼちゃ、七夕には笹といった蕎麦が登場する。築地市場のすぐ近くという強みを生かし、一品料理には上質な魚介を取り入れたメニューが充実。日本酒は、蕎麦の産地にあわせて仕入れるという思い入れも強い。

東京都中央区築地3-3-9／営11時～21時45分最終入店、土11時～15時最終入店／休日・祝／席1階：テーブル4席×6卓 2階:4席×2卓、6席×1卓、座敷4席×3卓、個室座敷4席×2卓　計58席／昼のみ全席禁煙／カード可／予できる／サなし／交地下鉄日比谷線築地駅3番出口から徒歩1分

その他のメニュー

手打ちそば756円、さらしなそば756円、花巻810円

ビール：中瓶580円～　焼酎：グラス648円～、ボトル4104円～　ワイン：グラス700円～、ボトル4320円～　日本酒：1合648円～

1.注文は2人前から。〆の「おじやセット」（380円）にはチーズが入り、明太子との相性が抜群 2.粒がしっかりした明太子の天ぷらは、サクッと軽い食感で酒の肴に最適。他にも明太子を使った料理が多数揃う 3.大人数での宴会ができる25名用の個室も用意

つきじ ふくたけ ほんてん

築地 ふく竹 本店

インパクト大！ 明太子たっぷりのド迫力！

辛子明太子で有名な『かねふく』直営店。１番人気の「かねふく明太もつ鍋」（１人前2000円）は、食欲を誘う明太子を惜しげもなくのせたド迫力のもつ鍋だ。具材は他に牛もつ、キャベツ、ごぼう、にら、豆腐、キノコ。和風ダシに明太子の旨みと野菜・もつの甘みが溶け込み、ひと口ごとにクセになる味わい。「激辛明太もつ鍋」（１人前2100円）もあるので、辛いもの好きな方は、ぜひ挑戦を。

☎ 03-3545-1230

東京都中央区築地4-2-7フェニックス東銀座地下1階／営17時～22時半（21時半L.O.）、土17時～21時半（20時半L.O.）／休日・祝／席テーブル4席×4卓、座敷10席×2卓、4名～25名用個室9室　計約110席／禁煙席なし／カード可／予できる／サなし、お通し代350円／交地下鉄日比谷線ほか東銀座駅6番出口から徒歩3分

その他のメニュー

熊本直送辛子れんこん四枚800円

ビール：中生500円～
焼酎：グラス450円～
ワイン：グラス480円
日本酒：1合440円～

サンマの酢〆の梅肉ソースがけ 950円

1

3

金と白のポテサラ 518円

2

1.サンマが旬の時期のみ登場する人気メニュー　2.金色のさつまいものサラダには、細かく刻んだいぶりがっこが入っていて、実によい風味。オーソドックスなじゃがいものサラダも付く　3.店内に、ずらりと並んだボトルが壮観

くらぶう

蔵葡

日本のワインを引き立てる和の味わい

国産の酒にこだわり、北海道から宮崎まで日本各地のワインを約200種、日本酒は約30種を揃える。「ここ数年で、国産ワインのレベルがぐっと上がりました。少しでも多くの人に飲んでいただきたい」と店長の大塚さん。日本の食文化を大事にしたいという思いから、出汁をきっちりとった和食をベースに、ワインにマッチする創作料理を提供する。

☎ 03-6264-1759

東京都中央区築地1-5-11築地KBビル1階／営 11時半～14時(13時半L.O.)、17時～23時半(23時L.O.)、土15時～23時半(23時L.O.)／休 日、祝／席 カウンター10席、テーブル4席×6卓　計34席／全席禁煙／カード可／予 夜のみできる／サ なし、お通し代540円別／交 地下鉄有楽町線新富町駅1番出口から徒歩2分

その他のメニュー

本日の鮮魚ランチ1080円

千葉県産ハーブ鶏のもも揚げ1058円

ビール：生734円～　焼酎：グラス540円　ワイン：グラス594円～　日本酒：90mℓ 432円～

金の煮込み（牛すじ煮込み）842円

丁寧にとったカツオと昆布の出汁で5〜6時間煮込んだ牛すじ肉は、とろとろに柔らかい

会席弁当（竹）2600円
（内容は仕入れや月によって替わる）

1.旬の素材を使った月替わりの料理は、刺身盛り合わせ、牡蠣の天ぷらや豚角煮など。会席弁当はほかに量と素材が変わる松3600円もあり、昼の会合などで人気　2.清潔感のあるカウンター席のほか、掘りごたつ席などの個室も用意

かいせき ふじき

懐石 ふじ木

本格的な懐石料理に舌鼓

老舗料亭で料理長を務めた店主の藤木尚武さんによる本格的な懐石料理が、昼は「会席弁当」（竹2600円、松3600円）として楽しめ、ちょっと贅沢したいランチや会合などで人気だ。夜はコースが主で6800円～。旬の素材を使った料理の味わいもさることながら、きめ細やかな接客から空間づくりに至るまで、バランスの良いおもてなしが心地良い。ぜひ予約して訪れたい。

☎ 03-6228-4860

東京都中央区築地7-4-4サンクレスト築地1階／営11時半～14時、17時半～22時／休日、祝／席カウンター5席、個室2名～10名の掘りごたつ席とテーブル席　計30席／禁煙席なし／カード可／予望ましい／サ10%（夜のみ）／夜のみお通し1200円～／交地下鉄日比谷線築地駅1番出口から徒歩3分

その他のメニュー

- ランチ会席コース5200円
- コース料理6800円～12300円
- ビール:生700円　焼酎:グラス650円～　ワイン:グラス1200円～　日本酒:1合900円～

1.北海道の広大な牧場で、厳選された飼料を食べて育った「大沼牛」。江戸甘味噌が香ばしい鍋を1卓ごとに目の前で、スタッフが丁寧に作ってくれる　2.胡桃豆腐、菊菜と菊花の浸し、茸と山栗の白和えなど、その日に取り寄せた食材で仕立てる　3.アンティークのシャンデリアがある2階席

えどにくかっぽう ささや つきじ

江戸肉割烹 さゝや 築地

江戸食材で作る鍋をレトロな一軒家で

2011年６月にオープンした、肉料理をメインにした和食店。名物の「焼鉄」は、文明開化の頃の牛鍋をアレンジした逸品。七輪にのせた南部鉄器の鍋で、角切りにしたリブロースとホルモン、築地界隈を中心に取り寄せる豆腐、江戸菜などをすき焼きのように味わう。米麹をたっぷり使った江戸甘味噌が独特の味わいを添えて美味。大正時代の一軒家を改築した、情緒溢れる店の造りも魅力的だ。

☎ 03-6264-0929

東京都中央区築地2-2-5／営17時〜24時／休日、祝／席計70席／禁煙席あり／カード可／予できる／サなし／交地下鉄有楽町線新富町駅4番出口から徒歩1分、地下鉄日比谷線ほか築地駅4番出口から徒歩2分

その他のメニュー

「江戸焼 黒毛和牛」3024円、「モダン焼 大沼牛」1944円

ビール：生グラス734円〜　焼酎：グラス702円〜　ワイン：グラス734円〜　日本酒：1合842円〜

きのこ（マッシュルーム）の
じゅうじゅう焼き 918円、
自家製フォカッチャ 1枚108円
1

ボローニャ風ミートソースの
ラザニア 1728円
2

トマトを練り込んだフェットチーネ
魚介のオイルベース 1944円
（本日の手打ちパスタ）
3

1.オリーブオイルでグツグツ煮込んで熱々のまま食す。香り付けに刻んだニンニクなどが入る。自家製フォカッチャと一緒に　2.牛乳から作るベシャメルソースと濃厚なミートソース、手打ちパスタを4～5層にした味のハーモニーは最強　3.ホタテやアサリなど築地で仕入れた数種類の魚介を使ったオイルベース。トマトを練り込んだ麺が鮮やか

いたりあしょくどう つきじ のら

イタリア食堂 築地 のら

モチモチの食感が評判の手打ちパスタ

ソースから生地まですべて自家製の「ボローニャ風ミートソースのラザニア」(1728円) など、ボリューム満点のイタリア料理が気軽な雰囲気で味わえる。季節の野菜などを練り込んだモチモチ食感の手打ちパスタは、常時３種。毎朝築地で仕入れる旬の食材をふんだんに使ったその日のおすすめ料理も数多く揃う。一枚板の重厚な檜のカウンター席から見える、ライブ感あふれるオープンキッチンも魅力だ。

☎ 03-5148-2390

東京都中央区築地7-11-13／営 11時半～14時L.O.、18時～23時45分（23時L.O.）土は18時～23時（22時L.O.）／休 日、祝／席 カウンター12席、テーブル4席×2卓　計20席／禁煙席なし／カード可／予 できる／サ なし／交 地下鉄日比谷線築地駅1番出口から徒歩4分

その他のメニュー

パスタ（日替わり2種類・サラダ・フォカッチャ付き）900円

ビール：生540円～　焼酎：グラス756円　ワイン：グラス756円～、ボトル3240円～　日本酒：1合972円～

骨付き仔羊のロースト
2052円

骨付きのままじっくりローストし、均等に熱が入るようにする。塩コショウのシンプルな味付けながら、クセのない味わい

1.実の中心の柔らかい部分からとれる〝さらしな粉〟を使ったそば。美しい純白で繊細そうだが、弾力があり、歯応《はごた》えのよさが小気味いい。溜《た》まり醬油を使った濃厚なつゆとも好相性　2.明るく清潔な店内。'04年6月に開店した。南大井には1963年創業の『大井 布恒更科』がある

つきじ ぬのつね さらしな

築地 布恒更科

香り高く喉越《のどご》し滑らかな生粉《きこう》打ちそば

〝自家製粉・石臼挽《いしうすび》き・手打ち〟を掲げている。そば粉は茨城県のものを中心に使用。粉の保水状態や温度管理などにも細心の注意を払い、一年を通じて、香り高く喉越しのいいそばを打つことを目指している。メニューは昼夜共通で、そばとつまみを合わせて60種類以上と豊富。なかでも人気のそばが「生粉打ち」(1100円) だ。つなぎを入れない十割《じゅうわり》そばだが、コシがありモチモチした食感に驚く。

☎ 03-3545-8170

東京都中央区築地2-15-20／営11時～14時45分L.O.、17時～20時45分L.O.、土11時～14時45分L.O.／休日・祝／席テーブル4席×5卓＋8席×1卓　計28席／禁煙席なし／カード不可／予できる／サなし／交地下鉄日比谷線築地駅2番出口、または地下鉄日比谷線東銀座駅5番出口から徒歩3分

その他のメニュー

もり900円、板わさ956円

ビール:生620円　焼酎:グラス670円～　日本酒:1合670円～

うな丼 3456円（きも吸324円別）

1

うな茶漬 3564円

2

3

1.焼きの香ばしさがありながら、とろけるよう　2.丼にはご飯、蒲焼き、ご飯が盛られ、上品な出汁が回し注がれてくる　3.2階のテーブル席。1階は帳場と厨房

みやがわほんてん

宮川本廛

うざく、うまきも絶品！

03-3541-1292

丼蓋を開けたとたん、丁寧な仕事がされた艶やかな蒲焼きにツバを呑む。焼きむらのない上品な飴色。皮と身の境目に規則正しく開いた、文様のような串打ちの跡――。口に含めば、ふんわりとろけるうなぎの旨みが広がる。醤油と味醂《みりん》だけで仕上げたさらりとキレのいいタレ、やや硬めに炊かれた小粒のご飯の加減もいい。築地橋のたもとに創業したのが明治26年。うなぎ一筋ならではの技が光る。

東京都中央区築地1-4-6宮川本廛ビル／営11時半～14時L.O.、17時～20時半L.O.、日·祝は20時L.O.／休土／席2階:テーブル2席×3卓+4席×5卓+小上がり18席　3階:座敷個室2部屋(2席×1卓+4席×1卓)+2席×2卓+4席×2卓　計62席／禁煙席あり／カード可／予できる／サ3階個室のみ10%／交地下鉄日比谷線ほか築地駅4番出口から徒歩3分

その他のメニュー

ビール：中瓶756円、小瓶540円　焼酎：きっちょむ（ボトル）5400円　日本酒：特級白鷹1合648円、特醸宮川1合648円

おまかせ 3240円

マグロのほっぺ焼
1本594円

1.内容は時季と入荷によるが、看板の大トロと中トロは必ず入る。国産ウニはしっかりと粒が立ち、濃厚だ　2.マグロのホホ肉を豪快に。醤油ダレまたは塩が選べる　3.板前との会話も楽しめるカウンターがおすすめ

つきじ すしこう そうほんてん

築地すし好 総本店

丹念な仕事が生む圧倒的なCP

創業当時からモットーは「身銭を切って食べられる寿司」。目と鼻の先の築地市場を冷蔵庫代わりに、過剰在庫を持たないことが値頃な価格、かつ鮮度や味へもつながっている。江戸前の仕事一筋に、ネタとシャリのバランスに気を配り、看板であるマグロは天然の本マグロかインドマグロのみ。ほかの魚介も極力国産を使う。22軒を有する今も各店で仕込む、コハダや煮穴子などの江戸前代表格は必食。

03-3248-5555

東京都中央区築地3-16-9 1階／営11時半〜14時、17時〜23時半L.O.、日・祝〜21時半L.O.※土・日・祝は通し営業／休無休／席カウンター25席、テーブル6名×4卓、座敷34席　計83席／カウンター禁煙／カード可／予テーブル、座敷予約できる／サなし、お通しなし／交地下鉄築地駅1番出口から徒歩3分

その他のメニュー

にぎり築地1620円、旬の刺身盛合せ2人前3240円〜

ビール：生小453円〜
焼酎：グラス496円〜
ワイン：ハーフ1728円
日本酒：180mℓ 594円〜

まぐろづくし 1512円

写真左から、大とろ、中とろ、赤身、大とろ炙り、づけを一度に味わえるお得なセット。中でも大とろの炙りは、程よい香ばしさも加わり絶品！

サーモンサンド
401円

1

3

しらす 298円

2

鯖サンド 504円

1.全粒粉のパンで、ふっくらと厚みのあるサーモンとパプリカのグリルをサンド。レモンソースがさわやか　2.築地で仕入れた新鮮な鯖の塩焼きを、もっちりしたチャバタでサンド　3.フォカッチャ生地の上に大葉をのせ、揚げたしらすをトッピング

おりみね べーかーず つきじななちょうめてん

ORIMINE BAKERS 築地七丁目店

ジューシーな新鮮魚介のサンド

美味しいパン生地にこだわり、ひとつひとつ朝から丁寧に焼き上げたパンが毎日30種類ほど並ぶ。築地で直接仕入れた魚介を使ったパンは、サーモンサンドや鯖サンドなど定番のほか、季節によって新商品も登場。スイート系のパンにも力を入れていて、いちごカスタード（247円）、ルバーブ（267円）など、サクサクのデニッシュにフレッシュフルーツをのせたものも人気。

03-6228-4555

東京都中央区築地7-10-11／営7時〜19時半／休水／カード不可／パンの取り置き可／パンの取り寄せ可／交地下鉄日比谷線築地駅1番出口から徒歩5分　※イートインなし

1

2

大吟醸漬と江戸漬
各種1切れ300円～

1.1切れずつ手間暇かけて仕上げ、真空パックにする。銀鮭カマ（300円）、銀かれい（400円）、つぼ鯛（450円）、銀だら（600円）など。魚は週に3回ほど店で仕込んでいる。クール便の発送もOK　2.七輪で焼くサービス（1切れ80円・要予約）。ほんのり香る酒粕と香ばしい味噌風味が上品

| つきじ つけてい

築地 漬け亭

ご飯に合う極上の粕漬けと味噌漬け

魚の味噌漬けや粕漬けのテイクアウト専門店。漬け床は長野から仕入れた日本酒の酒粕を使う「大吟醸漬」と、伝統製法で作る江戸甘味噌の「江戸漬」の２種類で、銀ダラや銀鮭など数種類を漬け込んでいる。事前に予約をしておけば、１切れにつきプラス80円で店頭の備長炭で焼いてもらうこともできる。金曜限定で笹寿司の販売もあり。

03-3546-7524

東京都中央区築地7-6-7 松田ビル1階／営 10時～19時（炭火焼きサービスは17時～）／休 水、日、祝／カード不可／予 できる／交 地下鉄日比谷線築地駅1番出口から徒歩3分　※イートインなし

豊洲移転後こう変わる!

築地市場の未来を徹底ルポ

「豊洲へ」と言われながら、
いつ実現するかわからなかった移転問題。
しかし今度こそ本当に、築地市場が移転することとなる。
豊洲にできる新市場、
そして築地はどうなるかを徹底取材しました。

2015年度中に新市場の建物ができる見込み。実際に築地市場のすべての機能が移転するまでは、もう少し時間がかかりそうだ

オリンピック決定でいよいよ築地が移転!?

「オリンピックが東京に決まったから、築地は豊洲に移転するんでしょ?」

とある場内飲食店の行列に並んでいると、前方からこんな声が聞こえてきた。

「跡地は何になるんだっけ」

顔を上げてその声の元をたどると、女性客2人がスマホを覗《のぞ》き込んでいる。そうだ、そうだった。2015年度中に豊洲新市場には建物ができ、築地はいよいよ移転するのだ。

思い返せばここまでの道のりは長かった。石原慎太郎が東京都知事だった頃、オリンピック招致が成功したら、築地をメディアセンターや選手村など関連施設にする構想を掲げ

↑ゆりかもめにはすでに「市場前駅」がある

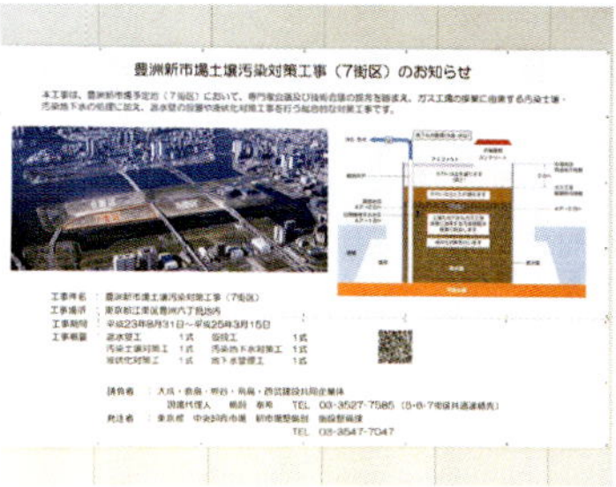

↑ガス工場跡地ゆえの深刻な土壌汚染問題から移転が難航していたが、土壌改良の目処がたち、まもなく着工を開始

ていた。そして東京都は、悲願だったオリンピック招致に成功。だが、紆余曲折《うよきょくせつ》を繰り返している間に、メディアセンターは東京ビッグサイト、選手村は晴海にほぼ決定と、築地の名前が上がってこない。となると築地跡地はいったい……。そこで、まずは築地移転問題をイチからおさらいしてみよう。

場内市場は築79年もはや限界の状態に

ご存じ築地には、場内と場外がある。水産・青果卸売市場のある場内は東京都が管轄しており、精肉などを販売する場外は中央区の管轄だ。移転の対象となっているのは、東京都管轄の卸売市場のみ。つまり、場内と場外は、移転で離ればなれになるということだ。

※この記事は「おとなの週末」2013年12月号に掲載された内容を再録・加筆したものです

仲買人《なかがいにん》たちの威勢良い声が飛び交う場内は、昭和10年開場。最も古い建物は、築79年と老朽化が進む。鮮魚を扱うのに空調設備はほとんどなく、鮮度を維持する輸送用大型トラックが入る余地もない。日本一の魚河岸と呼ばれる築地市場だが、施設は時代遅れも甚《はなは》だしいのだ。

「オリンピック招致を理由に新しくしてしまえ」と移転話が浮上したようにも見えるが、老朽化は30年も前から問題となっていた。本来なら1986年に持ち上がった「築地再整備計画」で新しい築地市場へと生まれ変わるはずだった。しかし、着工後に膨大な費用と時間を要することがわかり、再整備は中止に。その後、「築地は汚くて古くて危険だから移転する」という当時の石原都知事の発言に至ったわけだ。だからオリン

市場業界団体の移転の動き

管轄	移転前(現在の築地市場)	移転後築地	移転後豊洲新市場
場内(東京都)	**水産卸会社**(7社)	× 残らない	◎ すべて移転
場内(東京都)	**水産仲卸**(762業者) **売買参加者**(326業者)	△ 一部業者が築地新施設にも出店	○ ほとんどが移転
場内(東京都)	**青果卸**(3社) **仲卸**(108業者) **売買参加者**(798業者)	△ 一部業者が築地新施設にも出店	◎ すべて移転
場内(東京都)	**関連事業者**(167業者) ※場内飲食、物販など	× 残らない(親会社が場外にある業者は場外に残る)	◎ すべて移転
場外(中央区)	**場外市場**	◎ すべて残る	△ 一部業者は豊洲にも出店

※業者数は「築地市場の移転整備疑問解消BOOK」(東京都)より。市場業界団体の動きは編集部調べ

ピック招致と築地移転の問題は、もともと関係はない。
　悪循環は続くもので、今度は移転先の豊洲で食の安全を揺るがす問題が発生。ガス工場跡地ゆえの深刻な土壌汚染が発覚した。この問題で足並みを揃えていたはずの市場関係者が、移転推進派と移転反対派に真っ二つに別れて対立。話がまとまらない状態が長らく続くこととなる。もちろん移転が遅れたのは土壌問題や対立問題だけではない。仲卸業者の一人はこう言う。
「築地独自の権利売買が難題なんです。本来は売り物ではない店の権利が売買され、バブル期は1区画あたり1億円にもなっていました。でも、築地がなくなったら、そんな権利、関係なくなっちゃうわけですよ」
　ほかにも、冷蔵庫などの設備に新

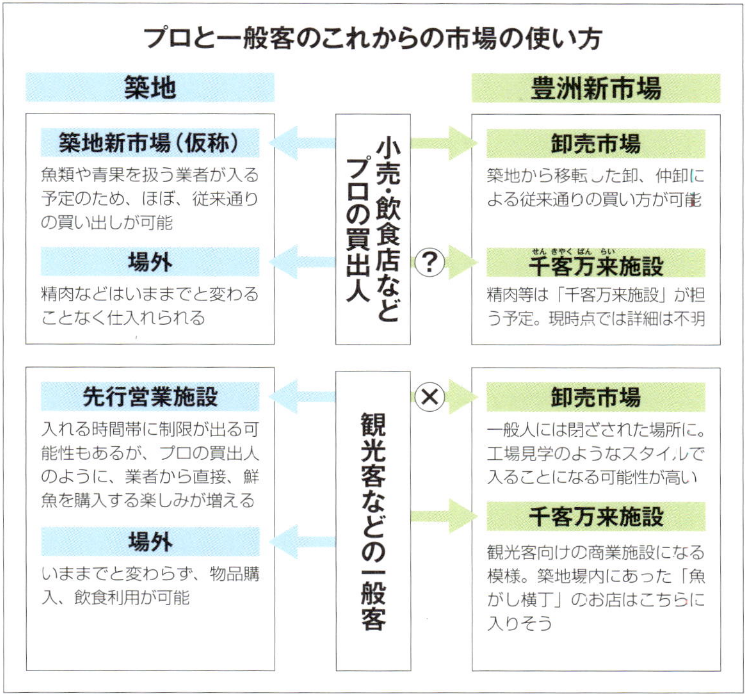
プロと一般客のこれからの市場の使い方
築地
豊洲新市場
築地新市場（仮称）
魚類や青果を扱う業者が入る予定のため、ほぼ、従来通りの買い出しが可能
場外
精肉などはいままでと変わることなく仕入れられる
小売・飲食店などプロの買出人
?
卸売市場
築地から移転した卸、仲卸による従来通りの買い方が可能
千《せん》客《きゃく》万《ばん》来《らい》施設
精肉等は「千客万来施設」が担う予定。現時点では詳細は不明
先行営業施設
入れる時間帯に制限が出る可能性もあるが、プロの買出人のように、業者から直接、鮮魚を購入する楽しみが増える
場外
いままでと変わらず、物品購入、飲食利用が可能
観光客などの一般客
×
卸売市場
一般人には閉ざされた場所に。工場見学のようなスタイルで入ることになる可能性が高い
千客万来施設
観光客向けの商業施設になる模様。築地場内にあった「魚がし横丁」のお店はこちらに入りそう

たに投資すると、店によっては概算数千万円もの移転費用がかかるという。日を追うごとに様々な問題が、明らかになってきているのだ。さらには豊洲と築地の利便性の違いが中小の仲卸に重くのしかかる。飲食店、小売店相手の仲卸はため息をつく。

「大手には豊洲は便利だけど、中小にとっては不便だよね。毎朝来てくれた昔気質《かたぎ》の馴染み客は、果たして豊洲という遠い所まで来てくれるのか心配でしょうがない。築地より遠いからもういいや、なんて言われたらウチは終わりだよ」

　後継者不足で高齢化も進む仲買人という職業。移転で馴染み客が離れてしまうようなら、コストをかけてまで商売を続けるメリットがないと、移転を機に廃業を考える仲卸もいる。２０１５年度中に竣工《しゅんこう》予定の豊洲新市場には、築地がそっくりそのまま移るわけではないのだ。

豊洲は業者と一般が明確に分けられた場所に

　では、移転先である豊洲新市場とはどんな所だろうか。まず、敷地面積は築地の23ヘクタールに対し40ヘクタールとかなり広い。そして市場内は、空調設備で温度や湿度を管理しながら魚の鮮度を維持。効率的な作業の導線が引かれ、荷捌《にさば》きスペースや大型トラックの荷受け場所も、ゆったり確保される。つまり、最先端設備と物流センターなみの配送機能で、今まで以上に鮮度のいい魚が、食卓に届くことになりそうだ。

「新市場は世界基準の衛生管理態勢をとります。そのため業者と一般の境界線が明確に分かれた施設となります」

　とは、東京都中央卸売市場管理部新市場建設課の話だ。

　察するに、新市場は実は工場のような場所で、一般人は立ち入り禁止。築地のように、ちょいと河岸に紛《まぎ》れ込んで雰囲気を感じてみよう、なんて事はできない場所になるようだ。そうなると場内の「魚がし横丁」のお店たちは？　という声が聞こえてくるが、かの行列店たちは、卸売市場に併設された「千客万来《せんきゃくばんらい》施設」に

↑築地場内が豊洲に移転しても場外は現在のまま。築地らしい雑然とした雰囲気は残される

入ることになるのではないか、といわれている。

2014年2月に決定した事業計画書によると、この施設は下図のように「ゆりかもめ」を挟んで左右ふたつの街区によって形成される。のべ床面積の合計を見ると東京ドームの約1・4倍だ。右の街区には調理器具や家庭設備器具、日本の伝統技術を紹介する施設を予定。左の街区には、約140店舗によって形成される豊洲場外市場のほか、河岸の味を提供する1000席の

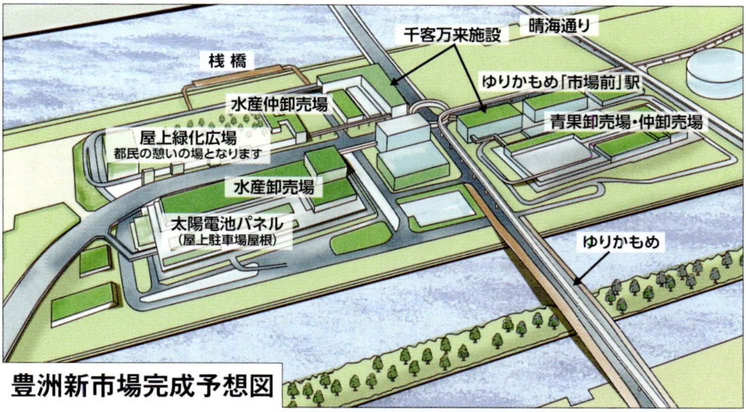

豊洲新市場完成予想図

東京都が発表している予定図を元に作成した豊洲新市場の完成図。かなりの広大な施設になり、最新鋭の機器が導入される。これまで以上に日本一の市場としての働きを担っていくことになりそうだ。しかしながら、一般客の立ち入れる場所は限られており、いわゆる工場見学のようなスタイルでしか、セリなどを見ることはできなくなるのでは、と言われている

フードコート、参加者体験型のイベントスペースや食育教室などが設けられる。さらには、湾岸エリアを眺めるレストラン付きの温浴施設も作られるとのこと。具体性にはまだ欠けるが、国内外から多くの観光客が訪れる、東京オリンピックを見据えた商業施設となりそうだ。

築地場外周辺には鮮魚や青果を扱う新施設が誕生

かくして場内が豊洲へと移転すると、築地には場外だけが残される。「場外は場外のまま。誰もどこにも行かないよ」と複数の店主が答えるように、築地独特の猥雑な雰囲気は、場外によってしっかりと守られるというわけだ。

ただ、築地は最高の魚や青果が集まることで支持を集めてきた場所。

築地新市場（仮称）予想図

↑1区画は約20㎡の予定。2つの建物で93区画分のスペースが用意され、青果や鮮魚店が軒を連ねることに

↑場外と築地新市場（仮称）は、周辺に増えているマンションの住民の食卓を支える場所ともなる

イラスト提供・中央区

食材が買えなければ街の雰囲気が残ってもプロには意味がない。一般客にとっても、目の前に卸売市場があることで、海鮮丼や寿司がことさらおいしく感じられる部分もあったはず。魚河岸がないなら、築地にまでわざわざ足を運ぶ必要もないと思う人もいるだろう。

「中央区としては、今まで築き上げてきた築地の歴史であり文化を後世に残していきたい。築地らしい賑《にぎ》わいのある街作りという観点から慎重に議論を重ね、『先行営業施設』を造るという結論に達しました」（中央区都市整備部）

現在では仮称「築地新市場」と呼ばれている施設は、築地場外の脇に2棟が建てられる。ここには、いわゆるプロが目利きで食材を探せる店が入るというわけだ。

一プロ向けには、場外と先行営業施設が連繋した荷物の集積所や配達施設などを整備し、使い勝手が良い場所に。もちろん一般客も利用可能で、商売人向けの店で鮮魚が買えるなど、楽しみが多い施設となるでしょう」（築地食のまちづくり協議会理事長）

今まで以上に築地らしい賑わいが出ることを目指し、２０１５年３月を目標に造られるこの施設。昨年末に入居者の募集をかけたところ、93区画の募集に対して、１２３業者、１８１区画の応募があった。業者の内訳は築地の仲卸が約70業者、青果が約10業者、他は築地場外からの応募が大半だったという。現在、中央区が入居者を最終選考中ということだが、仲卸が豊洲に移転しつつも、この施設に店を構えることで、規模は小さいながらも、今までと同じような築地らしさは、かなり残されそうな予感。あくまでも、蓋《ふた》を開けてみるまではわからないが……。

では、問題の卸売市場の跡地はどうなるのだろうか？

実は現時点ではほとんど白紙の状態。銀座、築地、隅田川の一帯を整備して、住居棟や商業棟などを用意する街作り案をはじめ、いくつかの構想があり、一部では、土地を民間へ売却し、その収益を移転費用に充てるとの報道もある。しかし、着工が大幅に遅れている状況からみても、まだまだこれからといったところだろう。

何はともあれ、豊洲新市場と築地にできる新施設を心待ちにしながら、築地跡地利用の推移を見守りたいものだ。

エリア別索引

和＝和食　寿＝寿司　イ＝イタリアン　麺＝麺　食＝食堂　海＝海鮮　鳥＝鳥料理
喫＝喫茶　居＝居酒屋　小＝小売り　フ＝フレンチ　う＝うなぎ　洋＝洋食
中＝中華　牛＝牛丼　カ＝カレー　買＝買い物　取＝お取り寄せ

場外買い物

場外飲食店

場内

築地の周辺店

お取り寄せ

50音順索引

内＝場内　外＝場外　取＝お取り寄せ　周＝周辺

あ

か

さ

な

た

ら

わ

は

ま

や

■アートディレクション
岡 孝治

■デザイン
椋本完二郎
甲地亮太
佐藤智子

■写真
乾 晋也
井上孝明
菊池敏之
藤内弘明
西﨑進也
武藤 誠
吉永陽一

■取材
油野 崇
飯田かおる
菜々山いく子
肥田木奈々
藤倉慎也

■地図作成
スタジオDOUMO

■イラスト
CARAVAN-Q

おとなの週末《しゅうまつ》 SPECIAL EDITION 最後《さいご》の築地《つきじ》

2014年6月20日　第1刷発行

おとなの週末《しゅうまつ》編集部《へんしゅうぶ》 編

発行者　持田克己
発行所　株式会社 講談社
〒112-8001 東京都文京区音羽2-12-21
電話　編集部 03-5395-3806
販売部 03-5395-3606
業務部 03-5395-3615

印刷所　凸版印刷株式会社
製本所　大口製本印刷株式会社

ISBN978-4-06-219006-0